Début d'une série de documents en couleur

Un franc le volume
NOUVELLE COLLECTION MICHEL LÉVY
1 FR. 25 C. PAR LA POSTE

HENRY MURGER
ŒUVRES COMPLÈTES

LES ROUERIES
DE
L'INGÉNUE

NOUVELLE ÉDITION

CALMANN LÉVY, ÉDITEUR
ANCIENNE MAISON MICHEL LÉVY FRÈRES
RUE AUBER, 3, ET BOULEVARD DES ITALIENS, 15
A LA LIBRAIRIE NOUVELLE

EXTRAIT DU CATALOGUE MICHEL LÉVY

FRANC LE VOLUME. — 1 FR. 25 PAR LA POSTE

ALEXANDRE DUMAS FILS de l'Ac. fr.

ANTONINE........................... 1
AVENTURES DE QUATRE FEMMES...... 1
LA BOITE D'ARGENT.................. 1
LA DAME AUX CAMÉLIAS............. 1
LA DAME AUX PERLES................ 1
DIANE DE LYS....................... 1
LE DOCTEUR SERVANS................ 1
LE RÉGENT MUSTEL.................. 1
LE ROMAN D'UNE FEMME.............. 1
SOPHIE PRINTEMS................... 1
TRISTAN LE ROUX................... 1
TROIS HOMMES FORTS................ 1
LA VIE A VINGT ANS................ 1

PAUL FÉVAL

ABISIL PAULI....................... 1
LE FILS DU DIABLE.................. 4
LA MAISON DE PILATE............... 2
LE ROI DES GUEUX.................. 2

PAUL FOUCHER

LA VIE DE PLAISIR.................. 1

ALPHONSE KARR

AGATHE ET CÉCILE................... 1
LE CHEMIN LE PLUS COURT............ 1
CLOTILDE........................... 1
CLOVIS GOSSELIN................... 1
CONTES ET NOUVELLES................ 1
ENCORE LES FEMMES................. 1
FA-DIÈSE........................... 1
LA FAMILLE ALAIN.................. 1
LES FEMMES........................ 1
FEU BRESSIER...................... 1
LES FLEURS........................ 1
GENEVIÈVE......................... 1
LES GUÊPES........................ 1
UNE HEURE TROP TARD............... 1
HISTOIRE DE ROSE ET JEAN DUCHEMIN. 1
HORTENSE.......................... 1
MENUS PROPOS...................... 1
MIDI A QUATORZE HEURES............ 1
LA PÊCHE EN EAU DOUCE ET EN EAU SALÉE. 1
LA PÉNÉLOPE NORMANDE.............. 1
UNE POIGNÉE DE VÉRITÉS............ 1
POUR NE PAS ÊTRE TRAHI............ 1
PROMENADES HORS DE MON JARDIN..... 1
RAOUL............................. 1
ROSES NOIRES ET ROSES BLEUES...... 1
LES SOIRÉES DE SAINTE-ADRESSE..... 1
SOUS LES ORANGERS................. 1

H. DE LATOUCHE

ADRIENNE........................... 1
AYMAR.............................. 1
CLÉMENT XIV ET CARLO BERTINAZZI... 1
FRAGOLETTA......................... 1
FRANCE ET MARIE.................... 1
GRANGENEUVE........................ 1
LÉO................................ 1
UN MIRAGE.......................... 1
OLIVIER BRESSON.................... 1
LE PETIT PIERRE.................... 1
LA VALLÉE AUX LOUPS................ 1

GEORGE SAND

ADRIANI............................ 1
LES AMOURS DE L'AGE D'OR........... 1
LES BEAUX MESSIEURS DE BOIS-DORÉ... 2
LE CHATEAU DES DÉSERTES............ 1
LE COMPAGNON DU TOUR DE FRANCE..... 1
LA COMTESSE DE RUDOLSTADT.......... 3
CONSUELO........................... 3
LES DAMES VERTES................... 1
LA DANIELLA........................ 2
LE DIABLE AUX CHAMPS............... 1
LA FILLEULE........................ 1
FLAVIE............................. 1
L'HOMME DE NEIGE................... 3
HORACE............................. 1
ISIDORA............................ 1
JEANNE............................. 1
LÉGENDES RUSTIQUES................. 1
LELIA — Métella — Melchior — Cora.. 1
LUCREZIA FLORIANI — Lavinia........ 1
LE MEUNIER D'ANGIBAULT............. 1
NARCISSE........................... 1
PAULINE............................ 1
LE PÉCHÉ DE M. ANTOINE............. 1
LE PICCININO....................... 1
PROMENADES AUTOUR D'UN VILLAGE..... 1
LE SECRÉTAIRE INTIME............... 1
SIMON.............................. 1
TEVERINO — Léone Léoni............. 1

JULES SANDEAU, de l'Acad. franç.

CATHERINE.......................... 1
LE CHATEAU DE MONTSABREY.......... 1
LE JOUR SANS LENDEMAIN............. 1
MADEMOISELLE DE KEROUARE.......... 1
SACS ET PARCHEMINS................. 1

VICTORIEN SARDOU

LA PERLE NOIRE..................... 1

Le Catalogue complet sera envoyé franco à toute personne qui en fera la demande par lettre affranchie.

IMP. CENTRALE DES CHEMINS DE FER. — IMPRIMERIE CHAIX. — RUE BERGÈRE, 20, PARIS. — 11972-7.

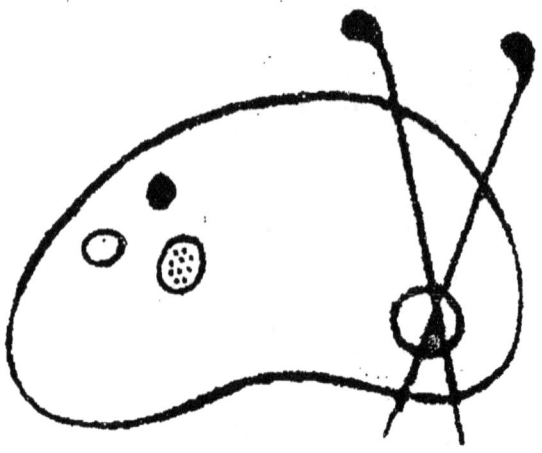

Fin d'une série de documents en couleur

ŒUVRES COMPLÈTES
DE
HENRY MURGER

LES

ROUERIES DE L'INGÉNUE

ŒUVRES

DE

HENRY MURGER

Publiées dans la Collection Michel Lévy

LES BUVEURS D'EAU...............	1 vol.
LE DERNIER RENDEZ-VOUS	1 —
ONA SIRÈNE..................	1 —
MADAME OLYMPE................	1 —
LE PAYS LATIN.................	1 —
PROPOS DE VILLE ET PROPOS DE THÉATRE ..	1 —
LE ROMAN DE TOUTES LES FEMMES	1 —
LES ROUERIES DE L'INGÉNUE...........	1 —
LE SABOT ROUGE................	1 —
SCÈNES DE CAMPAGNE.............	1 —
SCÈNES DE LA VIE DE BOHÈME.........	1 —
SCÈNES DE LA VIE DE JEUNESSE........	1 —
LES VACANCES DE CAMILLE...........	1 —

LES NUITS D'HIVER, poésies complètes, 5ᵉ édit... 1 vol.

LE BONHOMME JADIS, comédie en un acte.
LE SERMENT D'HORACE, comédie en un acte.
LA VIE DE BOHÈME, comédie en cinq actes.

BALLADES ET FANTAISIES, un joli volume in-32.

BOURLOTON. — Imprimeries réunies, B, rue Mignon, 2.

LES
ROUERIES
DE L'INGÉNUE

LA SCÈNE DU GOUVERNEUR — LA NOSTALGIE
LES SIRÈNES

PAR

HENRY MURGER

NOUVELLE ÉDITION

PARIS
CALMANN LÉVY, ÉDITEUR
ANCIENNE MAISON MICHEL LÉVY FRÈRES
3, RUE AUBER

—

1887

Droits de reproduction et de traduction réservés

LES
ROUERIES DE L'INGÉNUE

I

Dans les derniers jours du mois de mars 1832, la célèbre Costenzina, qui fut l'une des plus grandes tragédiennes lyriques dont le souvenir soit resté au théâtre, se rendait à Londres, où elle était engagée pour l'ouverture de la saison. Les chemins de fer n'existant pas alors, elle voyageait en chaise de poste, accompagnée d'une seule femme de chambre.

Cette fille était une Alsacienne nommée Marie

Peusch; mais sans doute pour exprimer le dévouement et la fidélité qu'elle avait pu reconnaître dans sa camériste, depuis dix ans que celle-ci était à son service, la Costenzina l'avait baptisée du nom de *Caniche,* sous lequel elle était connue de toutes les personnes admises dans l'intimité de la grande artiste.

Comme la chaise de poste approchait d'Amiens, la Costenzina, qui s'était endormie aux premiers tours de roue, fut réveillée par des plaintes et des gémissements que Marie essayait vainement de contenir.

— Qu'as-tu donc, ma pauvre Caniche? s'écria la Costenzina avec inquiétude; et, serrant entre les siennes les mains de sa compagne, elle les sentit toutes moites d'une sueur froide.

La camériste, qui, depuis le premier relais, luttait contre un malaise dont le caractère s'aggravait de plus en plus, essaya de rassurer sa maîtresse en attribuant son malaise à une mauvaise digestion : mais les frissonnements subits qu'elle ne pouvait réprimer, les cris de douleur qui lui échappaient, donnaient un démenti à ses paroles. Au moment où l'on entrait dans les faubourgs d'Amiens, la cantatrice aperçut le visage de sa femme de chambre bouleversé par une contraction de tous les traits.

Son effroi fut tel, qu'elle se pencha à la portière et cria machinalement : « Au secours! » sans réfléchir à l'effet que pouvait produire ce sinistre appel jeté à minuit dans le silence d'une rue de province. Ce cri exprimait tant d'épouvante, que le postillon crut dans le premier moment à une attaque nocturne et se dressa sur son porteur, armé d'un pistolet pris dans ses fontes. Voyant que la rue était déserte, et ne comprenant pas la nature du danger contre lequel la voyageuse appelait à l'aide, il descendit de cheval et s'approcha de la portière une lanterne à la main. La cantatrice ne lui donna pas le temps de la questionner.

— Vous qui êtes de la ville, lui dit-elle, vous devez savoir où demeurent les médecins. Menez-moi au plus proche, ma femme de chambre se meurt.

Le postillon jeta un coup d'œil dans la voiture et aperçut Marie qui se tordait sur la banquette. Pour étouffer ses cris, elle appuyait sa figure dans le manchon de sa maîtresse.

— C'est étonnant, murmura le postillon, dont la physionomie exprimait plus de surprise que de compassion, c'est la seconde fois que cela m'arrive cette semaine.

— Ne m'avez-vous donc point entendu?

reprit la cantatrice. Ne voyez-vous pas que cette fille est au plus mal. Chez un médecin, vite ; mais allez donc!

— Eh! madame, répondit le postillon en indiquant du doigt la maison devant laquelle on était arrêté, nous sommes précisément à la porte du médecin qu'il vous faut.

La Costenzina leva la tête et aperçut à la hauteur du premier étage une enseigne de sage-femme éclairée par un réverbère, qui s'y trouvait adapté. Le postillon se dirigeait déjà vers la sonnette de nuit, lorsqu'il fut rappelé par la cantatrice, qui eut quelque difficulté à lui persuader qu'il se trompait dans sa supposition. La malade ayant paru se calmer un moment, sa maîtresse donna au postillon l'ordre de la conduire à l'hôtel d'*Angleterre*.

— Deux fois dans la semaine, c'était trop fort

aussi! murmura-t-il en se remettant en selle.

Cinq minutes après, la chaise de poste s'arrêtait sous la marquise de l'hôtel indiqué.

Le maître d'hôtel se présenta à la portière.

— Vite, une chambre, un lit bien chaud et un médecin, s'écria la Costenzina! Et, tout en parlant, elle se dépouillait d'un vêtement de voyage fourré à l'intérieur pour en envelopper Marie, dont les dents continuaient à claquer aussi régulièrement que si elles eussent été mues par un mécanisme.

— Joseph, dit le maître d'hôtel à l'un de ses garçons, montez à la chambre du docteur, au numéro dix-sept, et si le docteur est couché, priez-le de se lever. Voici des voyageurs qui ont besoin de lui. — Madame, continua-t-il en s'adressant à la cantatrice, qu'il aidait à transporter Marie, vous allez avoir un des premiers médecins de Paris, qui est de passage dans notre ville, et il désigna une des illustrations de la science moderne.

— Le docteur *** ! s'écria la Costenzina avec joie; il est ici, Caniche, ajouta-t-elle, tu entends : le docteur *** va venir; ne te tourmente pas, il te guérira; et voyant que sa femme de chambre ne semblait pas l'écouter et continuait à se plaindre, elle ajouta en faisant au-dessus de sa tête le célèbre geste de désespoir interrogateur dont elle a laissé la tradition au théâtre :

— Mais qu'a-t-elle donc, mon Dieu, qu'a-t-elle donc?

— Madame, vint dire le garçon, le docteur n'est pas rentré, son domestique m'a dit qu'il était au spectacle.

— Allez le chercher, mon ami, s'écria la cantatrice avec vivacité.

— De quelle part? demanda le garçon.

La Costenzina retira de son doigt une petite bague de très-simple apparence et n'ayant pour ornement qu'une petite pierre antique gravée.

— Vous montrerez cette bague au docteur, dit-elle en remettant le bijou au domestique.

Celui-ci allait s'éloigner lorsqu'un bruit de voix se fit entendre dans le corridor de l'hôtel.

C'était le docteur ***, qui revenait du théâtre, accompagné d'un de ses confrères de la ville, qu'il avait invité à venir souper avec lui. Tous deux continuaient une discussion qui semblait avoir pour objet la représentation à laquelle ils venaient d'assister, et particulièrement une étoile nouvelle de l'Opéra de Paris, qui lui avait prêté le concours de sa renommée naissante.

Combattant sans doute une admiration manifestée avec trop d'enthousiasme, le docteur *** disait à son confrère :

— Cette jeune personne que nous venons d'entendre n'est rien qu'un gentil oiseau qui fredonne agréablement ce que lui a appris la grande serinette du Conservatoire. On est en train à Paris de tuer son avenir par des ovations exagérées, qui sont aussi dangereuses pour le jeune talent que la gelée de mai l'est pour la jeune vigne. N'ai-je pas entendu votre préfet dire à haute voix, dans le foyer, qu'elle était supérieure à la Costenzina? Si j'étais ministre, je ferais destituer le fonctionnaire qui se permettrait une semblable hérésie.

— Votre idolâtrie pour cette illustre personne, répondait son confrère, vous rend exclusif pour les autres artistes.

— La Costenzina, répliquait le docteur, n'est pas une artiste, c'est l'art lui-même.

En ce moment le garçon de l'hôtel s'approchait de lui et lui remettait la bague de la cantatrice.

— Cette dame a une malade, ajouta-t-il.

Le docteur entendit : « Elle est malade. » Son confrère le vit pâlir.

— Mon cher collègue, lui dit-il, entrez un instant dans ma chambre. J'aurai peut-être besoin de vous.

Et il se précipita dans l'appartement de la cantatrice. Aidée par deux femmes de l'hôtel, celle-ci essayait de maintenir Marie, qui se débattait sur son lit en proie à une crise plus violente.

— Ah! c'est vous, docteur, dit-elle, Dieu vous amène, et, l'entraînant vers la malade, elle se pencha vers elle, un flambeau à la main, et lui dit :

— Tiens, regarde, Caniche, c'est le docteur!

Celui-ci avait à peine jeté un regard sur Marie, qu'il prit la cantatrice par le bras et l'éloigna du lit avec un geste tellement empreint de terreur, que les deux femmes de chambre de l'hôtel se reculèrent d'un seul mouvement hors de l'alcôve.

— Mais qu'a-t-elle donc? demanda la Costenzina de plus en plus alarmée.

Le docteur allait répondre. Mais, s'arrêtant comme frappé d'une réflexion soudaine, il montra la porte aux deux servantes, qui sortirent effrayées.

L'artiste renouvela son interrogation.

— Ce qu'elle a, répondit le docteur, retournant vers le lit sur lequel Caniche continuait à se tordre, elle a un mal qui va dans un mois décimer la France ; et, se rapprochant de la cantatrice, il lui dit à voix basse :

— Elle a le choléra.

— Mais vous allez la sauver? fit la Costenzina en faisant un mouvement vers l'alcôve.

— C'est vous qu'il faut sauver, dit le docteur en la retenant. — Je viens d'étudier le mal en Russie. — Au point où cette fille en est, il n'y a plus rien à faire qu'à lui jeter le drap sur la figure. — Allons, signora, reprit-il, retirez-vous dans une autre chambre. Je vous ferai prévenir quand tout sera fini dans celle-ci.

A cette époque, la terrible peste du Nord commençait à peine sa première invasion continentale. C'était un mal nouveau, dont le caractère foudroyant laissait à peine à la science le temps de le combattre par des moyens hasardeux, qui variaient selon les écoles médicales. On croyait surtout à la contagion, et le nom seul du fléau sinistre suffisait alors pour frapper dangereusement l'imagination.

Celle de la Costenzina reçut pourtant sans faillir à son énergique nature le choc que venait de lui porter ce mot terrible : le choléra!

— Si ce mal est contagieux, répondit-elle au docteur, qui la pressait de s'éloigner, je dois en être atteinte déjà. Je ne quitterai pas plus Caniche qu'elle-même ne me quitterait si j'étais dans son lit et elle à ma place.

— Vous, vous! à cette place? fit le docteur. Oh! mais, ajouta-t-il comme s'il eût été bouleversé par cette seule supposition, si cela était, je deviendrais fou!

La sincérité de ce cri et le geste désespéré qui l'accompagnait en faisaient presque une révélation.

Elle n'apprenait rien à la Costenzina que celle-ci ne sût déjà.

Lorsque le docteur exprimait l'idée de cette folie future, il y avait longtemps qu'on en parlait au présent parmi ses collègues et parmi sa clientèle, et, malgré tout le respect dont on entourait dans le monde sa haute réputation si justement acquise, le culte idolâtre qu'il professait ouvertement pour l'illustre cantatrice était souvent l'objet de malins commentaires.

On ne pouvait croire que l'art seul fût en cause dans l'exaltation qui le transfigurait lorsqu'il assistait à quelque triomphe de la diva, et dans ces occasions le bruit public était que le beau front large et fier de la triomphatrice exerçait sur le docteur encore plus d'attraction que sa couronne.

On savait qu'un jour, malade lui-même au point de ne pouvoir aller visiter ses malades, il était parti en plein hiver pour Varsovie, où la Costenzina créait un rôle nouveau.

Comme il revenait de ce voyage, une de ses clientes mondaines le plaisantait sur cette fugue de jeune homme avec cet esprit particulier aux femmes qui n'ont que de l'esprit.

— Eh bien, lui disait-elle avec ce langage câlin de la curiosité féminine, on prétend que vous êtes allé au pôle la semaine passée?

— Oui, madame la marquise; au moins, dans les environs.

— Vous êtes allé à pied, docteur?

— Oui, madame la marquise, répondit le

docteur, acceptant la plaisanterie, et revenu aussi.

— Avez-vous rapporté des fourrures? on dit que c'est le pays.

— J'avais effectivement fait le choix d'une palatine en renard et d'un manchon en hermine; mais, ayant commis l'imprudence de les rapporter vivants, pendant le retour, la palatine a mangé le manchon.

— Et, continua la marquise en faisant coquettement évoluer son éventail, savez-vous, docteur, ce qu'on a découvert pendant votre absence?

— On a découvert un nouveau poison et une mine d'or : — deux poisons.

Dépitée par cette retraite de mots employée pour fuir son interrogatoire, la marquise prit le parti d'être franchement indiscrète.

— On affirme, dit-elle, que votre voyage de la semaine passée avait pour but une grave infidélité à la science en faveur de l'art.

— Ce serait donc la semaine aux infidélités; en tout cas, ajouta le docteur, celle dont vous parlez pourrait bien faire vis-à-vis à l'infidélité non moins grave qui a été faite à la littérature en faveur de la diplomatie. Ce serait un quadrille.

Cette allusion directe à une des brusques voltes d'affection familières à la marquise, ne l'émut pas au delà d'une rougeur passagère. Aussi reprit-elle tranquillement :

— Alors, c'est donc vrai ce qu'on a dit? — Et elle ajouta à voix basse : On assurait même que vous étiez parti en Pologne avec l'intention d'offrir votre main à la belle Rosine du *Barbier;* aussi, quand vous êtes entré dans le salon, je croyais qu'on allait annoncer le docteur.....

— Bartholo, n'est-ce pas? interrompit le docteur, habitué aux épigrammes de son aristocratique cliente. — Écoutez, madame la marquise, reprit-il avec un geste de menace presque suppliant, ne me tourmentez plus à ce propos, ou, si vous êtes encore méchante avec moi, prenez garde, je me vengerai.

— Comment? dit la marquise avec ce ton mutin qui, dans la bouche d'une femme, est presque une provocation.

— D'abord, je lèverai les arrêts conjugaux auxquels j'ai condamné depuis six mois M. le marquis au nom de la Faculté.

— Docteur!...

— En outre, je persuaderai à madame la comtesse de Puyranieux, la plus docile de mes clientes, que sa santé exige impérieusement un séjour prolongé à une nouvelle source allemande qui a demandé mon patronage, et je l'y enverrai avec son fils.

— Avec le vicomte! fit la marquise en se trahissant par la vivacité même de sa parole.

— Pensez-vous qu'il pût se dispenser d'accompagner sa mère malade? Si l'idée ne lui en venait pas, continua le docteur avec une bonhomie railleuse, ne seriez-vous pas la première, madame la marquise, à user de votre influence sur ce jeune homme pour lui indiquer quel serait son devoir dans cette circonstance?

Cette menace de rompre par une séparation une liaison qui en était encore aux douceurs de la nouveauté, inquiétait la marquise.

— Mais, dit-elle, le vicomte n'aura pas besoin d'accompagner sa mère aux eaux. — Ma dame de Puyranieux se porte comme le Pont-Neuf.

— La comtesse sera malade sur mon ordonnance. Il est certain que le Pont-Neuf jouit d'une santé historique. Ce qui n'empêche pas l'architecte, qui est son médecin, d'user de son influence pour lui persuader de temps en temps qu'il a besoin de réparations.

— Voyons, docteur, faisons la paix, dit la marquise en lui tendant la main; vous m'avez fait frémir avec vos idées de vengeance. Me séparer du vicomte, ajouta-t-elle confidentiellement, ce serait faire deux malheureux.

— Et vous rapprocher du marquis, fit le docteur en souriant.

— C'est vrai, dit naïvement la marquise, ça en ferait trois. Aussi la paix est convenue, ajouta-t-elle en tendant sa main au docteur.

— A la condition que vous ne tourmenterez plus un pauvre homme qui a beaucoup d'indulgence et qui a des cheveux blancs.

— Eh! fit la marquise avec malice, vos cheveux blancs, docteur! ils ne l'ont pas toujours été, et l'on assure que la science dispute à beaucoup de rivales la gloire de les avoir fait blanchir; — d'ailleurs, ajouta-t-elle gracieusement, la main vers le front du docteur : — Quand vous parlez, on ne les voit guère, et quand vous parlez d'elle surtout.

Il n'était point rare que le docteur *** eût à subir des escarmouches de ce genre, où les plus habiles manœuvres de la curiosité féminine essayaient de lui arracher ses confidences à propos de la véritable nature de ses sentiments pour la célèbre artiste.

Toutes les suppositions à cet égard étaient,

il faut le dire, autorisées par le changement qu'on avait pu remarquer dans la nature du docteur *** depuis le jour où la Costenzina, déjà reconnue souveraine du chant par toute l'Europe, était venue demander au public parisien la consécration de sa souveraineté.

II

A cette époque, le docteur avait cinquante cinq ans, et son ambition ne pouvait souhaiter rien de plus qu'elle n'eût atteint déjà. Toutes les dignités qui signalent un homme à l'attention des autres, il les avait acquises et il les avait méritées. Sa fortune était le fruit sain du travail honnête. Tout jeune, il avait mis le pied dans sa voie, et pour abréger sa route, il n'avait jamais tenté aucun écart. C'était une de ces consciences où l'équité se choisit un temple, un cœur large et hospitalier, mais sévère dans le choix de ses hôtes, une de ces intelligences destinées à servir de moule aux grandes pensées que la Providence veut vulgariser; un de ces hommes en qui la fierté d'eux-mêmes est presque un devoir, puisqu'elle devient un hommage à la vertu.

On eût pardonné l'orgueil au docteur, dont la personnalité résumait un de ces types rares destinés à prendre place parmi les statues de l'avenir; mais si on lui accordait l'admiration, on lui refusait généralement la sympathie. Toutes ses hautes qualités étaient gâtées par un défaut auquel le monde préférera toujours tous les vices : l'insociabilité.

Où le docteur avait-il puisé les principes de cette misanthropie qui de tout temps l'avait tourmenté et le faisait tourmenter les autres? Ce ne pouvait être dans la rancune que quelques hommes rudement éprouvés conservent contre les rigueurs de leur ancienne destinée. Sa vie lui avait été facile toujours, et sa prospérité avait marché au-devant de lui. Était-ce dans l'étude d'une science qui, en mettant l'homme en contact quotidien avec tous les maux de la nature, lui inocule le mépris pour la fragile machine condamnée à les subir? Était-ce un mal héréditaire? une sorte de phthisie morale prise aux sources des philosophies malsaines? On ne savait, et le docteur lui-même n'aurait pu se répondre s'il s'était interrogé à ce sujet.

Lorsque cet homme était rentré chez lui, le soir, et faisait, sans baisser les yeux, passer devant sa mémoire toutes ses actions de la journée, il croyait pouvoir s'endormir dans le lit du juste. Volontairement, ou à son insu, il avait peut-être troublé le sommeil de dix personnes par un de ces mots qui s'échappaient de sa bouche comme d'une fronde armée de vérités.

Ce qui rendait cette franchise si dangereuse, c'est qu'elle était servie par ce formidable esprit satirique qui, en France surtout, séduit même ceux qu'il blesse. Aussi le docteur *** était-il la terreur des hommes et l'épouvante des femmes qu'il rencontrait dans les salons. Sa poignée de main laissait une épine, ses madrigaux brûlaient comme un acide. Cependant on provoquait presque son ironie, on allait au-devant de cette lapidation spirituelle, et les amours-propres les plus rétifs et les vanités les plus susceptibles se paraient pour ainsi dire de la pierre qui les avait frappés.

Les artistes étaient surtout l'objet de son sarcasme, et il soutenait quelquefois avec une étrange vigueur de logique paradoxale, que l'art, sous quelque forme qu'il se manifestât, était au moins une inutilité nuisible.

Ce n'était point de sa part une vaine recherche d'excentricité, une *pose*, comme on dit vulgairement. C'était une répulsion native contre l'idéal, et il y avait presque de l'imprécation dans les réquisitoires où il enveloppait tous ceux qui s'efforçaient de l'atteindre ou de le poursuivre.

Le docteur *** était au reste conséquent avec son étrange antipathie artistique, qu'il élevait à la hauteur d'un système; et lorsqu'il niait l'utilité de l'art, il n'en recherchait pas les jouissances. S'il appelait la poésie une excitation au mépris de la raison, il bannissait les poëtes de sa lecture et n'admettait dans sa bibliothèque que les ouvrages traitant de la science qu'il pratiquait, ou ayant une utilité réelle. La peinture n'était pour lui qu'un ornement décoratif, une futile distraction des yeux, et dans le génie des maîtres les plus illustres, il ne voyait rien au delà d'une habileté de main plus ou moins grande. La musique, cet art des arts, ne trouvait pas grâce devant lui ; il la considérait avec conviction comme dangereuse, et l'on a vu de ses ordonnances où, dans certains cas de maladie, il la proscrivait formellement. Quant au théâtre, il l'acceptait comme spectacle et le condamnait lorsque l'œuvre dramatique était de nature à provoquer des sensations factices dont le retour fréquent pouvait, disait-il, émousser la sensibilité réelle, et la rendre aux véritables douleurs de la vie.

Malgré ses bizarres répulsions, et malgré sa misanthropie aiguë, le docteur ***, à la fin de

1828, n'en était pas moins reconnu pour un des personnages les plus considérables et les mieux considérés de la société parisienne.

Il n'avait pas de famille, — n'était pas marié, — et vivait beaucoup dans le monde.

La première rencontre du docteur avec la Costenzina avait eu lieu dans des circonstances utiles à faire connaître pour l'intelligence de ce récit.

C'était le soir même du début de la cantatrice à l'hôtel d'une princesse étrangère dont l'hospitalité a laissé de beaux souvenirs au monde parisien.

La princesse, qui avait connu la Costenzina à l'étranger, avait ramené celle-ci chez elle après le théâtre, et elle comptait ajouter encore à son succès en la présentant à sa société sous le patronage d'une intimité qui n'eût étonné personne dans son pays, mais qui pouvait surprendre en France.

A cette époque, surtout, les traditions de caste, remises en vigueur par la restauration, admettaient difficilement des rapprochements qui blessaient l'orgueil de race. Le préjugé était alors plus fort que l'admiration, plus fort que la sympathie, et l'entrée d'une triomphatrice de théâtre dans un salon pouvait passer pour une audace. La société n'était pas encore mûre pour accepter ces hardis contrats de l'aristocratie héréditaire avec l'aristocratie qui s'est constituée elle-même par le génie ou par le talent.

On voulait bien applaudir la Costenzina dans un salon comme on l'applaudissait au théâtre, mais on voulait une séparation morale qui remplaçât la rampe.

On voulait bien lui jeter des bouquets, mais on ne voulait pas les lui offrir. Si grand que fût le talent de l'artiste, si irréprochable que fût la conduite de la femme, elle n'en appartenait pas moins à une classe dont les mœurs étaient suspectées, et que la passion maintenait dans un isolement équivalant presque à une proscription.

La princesse comprit bien vite qu'elle avait trop compté sur la reconnaissance de l'enthousiasme que la Costenzina avait provoqué au théâtre, et elle échangea avec elle un regard qui semblait lui demander pardon de l'avoir amenée dans cette froide atmosphère des vanités mondaines.

Cependant on eût fini peut-être par tolérer la présence de la cantatrice comme un fait incidentel, si la princesse, obéissant au premier mouvement de protestation qui s'était produit dans son cercle, avait tacitement reconnu ce qu'on appelait sa faute en rétablissant, par quelque acte inhospitalier envers l'actrice, la distance sociale qui séparait celle-ci de ses hôtes. — Mais la princesse, blessée elle-même par une attitude hostile, dans laquelle elle crut voir une censure déguisée de sa conduite, entoura au contraire la Costenzina de nouvelles attentions et la couvrit d'une protection tellement évidente, que tout le monde crut y voir un défi.

Ce fut en ce moment que le docteur entra dans le salon.

Outre son antipathie avouée contre la musique, on connaissait le dédain qu'il avait témoigné toujours, et quelquefois avec une trop singulière vivacité d'expression, pour ceux qu'il appelait des histrions; — aussi, en le voyant paraître, toute l'assemblée pensa-t-elle instinctivement que si on avait occasion de provoquer sa verve intolérante, il s'abandonnerait peut-être à quelque sarcasme dont un éclat pourrait atteindre l'artiste et ajouter encore à l'embarras de sa situation.

III

Dans cette circonstance, le hasard vint conspirer avec les conspirateurs. On parlait beaucoup, depuis quelque temps, du scandale donné à la société aristocratique par un gentilhomme du plus grand nom, qui venait d'envoyer des sommations respectueuses à sa famille, en réponse au refus que celle-ci avait fait de consentir à son mariage avec une actrice de la Comédie-Française, dont le talent égalait la beauté.

En arrivant chez la princesse, le docteur avait dit qu'il sortait de chez la mère de ce jeune homme, laquelle était tombée malade en recevant l'acte que lui avait fait signifier son fils.

Cette actualité fut le terrain sur lequel deux ou trois femmes entraînèrent le docteur et l'engagèrent habilement dans une causerie, restreinte d'abord à l'intimité, mais qui devait bientôt attirer l'attention générale par la discrétion indiscrète avec laquelle on semblait vouloir l'isoler.

Quelques lambeaux de phrases arrivés jusqu'aux oreilles de la princesse lui révélèrent de quoi il était question dans ce groupe, et, bien qu'elle trouvât le choix de ce sujet d'un goût douteux, elle ne soupçonna le piége tendu au docteur qu'au moment où celui-ci, ignorant la présence de la Costenzina dans le salon, y tombait à son insu.

En effet, à propos du mariage d'un gentilhomme de grande famille avec une comédienne célèbre, il venait d'enfourcher le *dada* du mépris pour la classe des *histrions*, et commençait à le faire ruer singulièrement.

La princesse, dont l'embarras était visible, essaya d'abord d'arrêter le docteur par quelques protestations qu'elle n'osa pas cependant faire trop significatives; mais les personnes qui avaient un intérêt à continuer la discussion, la passionnèrent hypocritement par des contradictions qu'elles savaient de nature à irriter l'esprit agressif du docteur, qui repartit de nouveau et formula en manière de conclusion une mise hors la loi sociale de toute la classe des artistes dramatiques.

Ce rigorisme, qui eût été applaudi dans une congrégation, devenait pour la Costenzina une personnalité presque injurieuse, et provoqua, de la part de la princesse, qui commençait à deviner le rôle qu'on faisait jouer au docteur, une interruption fort vive.

— Le parti pris d'exclusion, surtout lorsqu'il n'admet aucune réserve, dit-elle, peut conduire, à l'occasion, jusqu'à l'injustice; et positivement c'en est une que de refuser préventivement la considération à toute une classe de la société; c'est paralyser volontairement tous les efforts qu'elle peut tenter pour s'en rendre digne.

— La considération, reprit le docteur, est une dignité sociale que l'on ne doit pas prodiguer sans courir le risque de se déconsidérer soi-même.

— Mais, sans la prodiguer, ne peut-on, par exception, l'accorder aux grands artistes qui ont su se créer une situation exceptionnelle ?

continua la princesse. Pourquoi le génie n'aurait-il pas au théâtre les priviléges qu'on lui accorde ailleurs?

— La princesse a raison, dit une des voix provocatrices qui s'appliquaient à passionner ce débat. N'a-t-on pas vu d'illustres personnages encourager d'une protection bienveillante les artistes illustres de leur temps?

— Tout récemment encore, le prince de Galles ne recherchait-il pas l'intimité du grand comédien Edmond Kean? ajouta une autre voix.

— Le prince de Galles, répondit le docteur, était un étourdi. D'ailleurs, les princes ont par tradition le privilége d'avoir des bouffons.

Cette réplique attira de nouveau tous les regards sur la princesse et sur la cantatrice, qui demeurèrent, l'une frémissante de violence contenue, l'autre impassible.

— Le docteur, reprit la princesse, a des sévérités qui l'entraînent sans doute au delà de sa pensée. Il est bien certain qu'il admet intérieurement des exceptions.

— Admettre une exception à une règle, c'est ouvrir une brèche où viendront passer tous ceux qui n'auront pas été exceptés. — En principe, je n'admets aucune exception. — Il y a des milieux naturellement viciés qu'on ne traverse pas impunément. Le théâtre en est un. La liberté de mœurs qui y règne traditionnellement, les misérables luttes de vanité qui sont une nécessité de la profession, provoquent trop facilement à l'oubli de la dignité, pour que les natures les mieux douées n'y perdent pas, avec le temps, le sentiment de la leur. — En épousant une actrice, M. de Pontisy commet quelque chose de plus qu'une mésalliance ; il donne un mauvais exemple, il offre une prime d'encouragement à l'ambition de toutes les intrigantes qui vivent sur les planches.

— Chut, docteur! lui dit à voix basse une de ses voisines en lui touchant légèrement le bras avec son éventail.

L'inviter au silence dans un moment où il se voyait l'objet de l'attention, c'était le provoquer à poursuivre; pour parler vulgairement, c'était dire *hue!* à son dada.

— Pourquoi chut? demanda-t-il tout haut. Je puis bien exprimer ici mon opinion sur ces dames; nous ne sommes pas dans les coulisses.

Ce mot qu'on attendait des hasards de la discussion siffla comme une balle au milieu du silence, et l'effet qu'il produisit inquiéta instinctivement le docteur. En regardant la princesse, il reconnut que son visage hautain exprimait quelque chose de plus qu'une contrariété provoquée par les contradictions que la discussion avait fait naître. L'attitude même des personnes qui y avaient pris part ou l'avaient seulement écoutée trahissait une satisfaction mal déguisée, une sorte de triomphe contenu formant avec le mécontentement de la princesse un contraste trop apparent pour qu'elle pût échapper à l'observation du docteur.

Comme il se retournait du côté de la maîtresse de la maison et semblait quêter un renseignement, celle-ci lui adressa un geste intime dans lequel il crut voir un reproche en même temps qu'un appel. Il se leva soudainement, tourmenté par cette oppression intérieure qu'éprouve tout homme bien élevé, lorsqu'il craint d'avoir involontairement commis une de ces fautes que le monde pardonne quelquefois, mais n'oublie jamais.

La princesse fit un pas au-devant de lui et l'amena devant la Costenzina, restée solitaire sur son fauteuil.

— Docteur, lui dit-elle de manière à être entendue de tout le monde, j'ai l'honneur de vous présenter la signora Costenzina, mon amie, ajouta-t-elle en élevant la voix.

Si le docteur n'était pas instruit de l'intimité qui existait entre la grande dame et la cantatrice, il ne pouvait ignorer un nom que la célébrité de celle qui le portait lui jetait vingt fois par jour dans l'oreille.

Comme il allait s'incliner devant la Costenzina, il aperçut dans une glace le groupe qu'il venait de quitter, et lut dans toutes les physionomies cette expression de curiosité joyeuse et presque cruelle qui s'attache aux actes et aux paroles d'un homme tombé publiquement dans le terrible piége mondain du ridicule.

Le docteur eut bientôt compris qu'on venait de faire de son antipathie et de sa franchise connues l'instrument d'une perfidie de salon, et qu'en le plaçant dans cette situation pénible d'un homme qui a gratuitement offensé une femme, on avait compromis la dignité de sa personne et la loyauté de son caractère.

— Madame, dit-il à haute voix en s'inclinant avec les marques d'un profond respect, on m'a laissé ignorer votre présence dans ce salon. Je mets toutes mes excuses à vos pieds, et je voudrais avoir l'occasion d'y joindre toutes celles qui me sont dues à moi-même pour l'étrange abus qu'on m'a laissé faire de mon ignorance.

IV

Lorsqu'il eut achevé, le docteur salua de nouveau la Costenzina, et revint prendre sa place dans le groupe qu'il venait de quitter, et où l'apparence agressive de son retour causa une certaine émotion.

Cette émotion devint contagieuse et se répandit dans tout le salon, lorsqu'on s'aperçut que le docteur venait d'engager à voix basse avec deux de ses voisines, un entretien don l'animation contenue pouvait révéler la nature

— En effet, le docteur L... avait été vivement froissé de ce qui venait d'arriver, et bien qu'il sût se maintenir dans la plus parfaite mesure d'expression, la forme polie de son langage n'en exprimait pas moins un mécontentement qui s'éleva progressivement jusqu'à la remontrance.

Il s'adressait alors à une des femmes de Paris dont la réputation de dédain et d'impertinence était la mieux établie dans les deux faubourgs. Malgré le tour discret et presque paternel que le docteur donnait à ses reproches, elle lui répondit brièvement par un de ces mots que sait trouver le dépit d'une femme et qui entrent si profondément dans l'amour-propre d'un homme.

A cette parole, qui changeait une explication courtoise en lutte hostile, le docteur fit ce que tout autre eût fait en pareil cas, — il quitta la place.

Mais son animation et celle de son interlocutrice avaient été remarquées, et donna matière à des conjectures qui, en se propageant de groupe en groupe, dénaturèrent cet épisode en y attribuant au docteur des paroles qui étaient contradictoires avec le tact d'un homme de bonne compagnie et d'un galant homme.

Un quart d'heure après, le bruit courait dans le salon de la princesse, que le docteur venait d'oublier toute convenance avec la baronne de Villerey.

Un de ces mille jeunes gens qui, à Paris, mettent l'activité de leur étourderie au service du désœuvrement mondain, et se font volontiers les courriers extraordinaires des dépêches scandaleuses, quitta le salon de la princesse, où tous ces incidents avaient causé un certain malaise, et courut porter la nouvelle dans une grande maison du voisinage. Une heure après, d'autres estafettes se répandaient dans d'autres maisons et y colportaient le fait, où la vérité était altérée, comme il arrive toujours quand elle s'éloigne de sa source. Aussi, avant la fin de la soirée, tout Paris officiel et curieux savait-il que le docteur avait, en plein salon, insulté la célèbre Costenzina et la baronne de Villerey, qui avait pris sa défense.

A une heure du matin, les rumeurs commençaient à circuler confusément dans un cercle où M. de Villerey se trouvait et où il jouait le whist avec une mauvaise chance dont la persistance indisposait sa bonne humeur ordinaire. Bien qu'on n'eût parlé devant lui qu'avec une extrême réserve de l'événement où le nom de sa femme et celui du docteur se trouvaient mêlés, le baron devina quelque algarade.

— Le diable d'homme! murmura-t-il; dans

quelle maison a-t-il encore cassé les vitres ce soir?

— Chez la princesse ***, dit une voix.

— La baronne y doit être, fit le baron; elle me contera cela. C'est particulier, général, ajouta-t-il en s'adressant à son partner, voici deux fois que vous nous faites perdre les honneurs.

— C'est à vous de donner les cartes, répliqua tranquillement le général, qui était un client du docteur et professait pour lui un enthousiasme qu'il n'aimait pas à entendre contredire.

La partie continuait et aussi la perte du baron. Bien qu'on ait peu le temps de parler à un jeu qu'on pourrait appeler le quatuor du silence, M. de Villerey, irrité par sa veine contraire, et retenu cependant par les bienséances, donnait un cours à son irritation dans de fréquentes allusions où perçait contre le docteur une hostilité qui finit par établir une sorte d'aigreur entre lui et son partner.

Deux ou trois fois déjà, le général avait laissé échapper des mouvements d'impatience qu'on savait être ordinairement chez lui le prélude de la colère.

— Il est certain, disait M. de Villerey, que le docteur abuse étrangement de l'indulgence qu'on a dans le monde pour ses singularités.

— En effet, dit le général, dans le monde la franchise est une vertu singulière.

— Elle peut être un défaut social, reprit le baron. Les relations ne sont possibles qu'avec un mutuel échange de concessions.

— J'ai beaucoup d'estime pour les natures qui, n'ayant pas besoin d'en réclamer, n'ont pas besoin d'en faire.

— Il y a des gens qui ne sont sévères avec eux-mêmes que pour avoir le droit d'être injuste avec les autres, répondit le baron.

— Lorsqu'on surprend ces gens-là en flagrant délit d'injustice, il faut le leur signaler à eux-mêmes, fit le général avec une intention qui fut sans doute comprise par M. de Villerey, car il répondit aussitôt :

— C'est ce que je ne manquerai pas de faire la première fois que le docteur m'en fournira l'occasion.

— Ah! dit un nouveau venu qui venait d'entrer dans le salon, vous savez déjà l'esclandre causé par la Faculté. On en parlait beaucoup aussi au foyer de l'Opéra. La princesse en est fort émue, et beaucoup de personnes sont, dit-on, dans l'intention de protester, en ne recevant plus le docteur qu'en visites payées. Ce qui est positif, c'est que la baronne de Villerey se trouvera dans l'obligation de ne plus le recevoir.

— A quel propos, monsieur? dit le baron en se retournant tout à coup vers la personne qui venait de parler.

— Ah! pardon, baron, fit le jeune homme un peu interdit, je ne vous avais pas aperçu.

Sa myopie bien connue justifiait cette excuse, ce qui n'empêcha point le général de lui adresser une remarque sur le manque d'à-propos de cette révélation.

— Au contraire, interrompit le baron, monsieur arrive fort à propos, et je lui serai très-particulièrement obligé de m'éclairer sur le fait auquel il vient de faire allusion.

Les deux autres joueurs essayèrent de pacifier M. de Villerey, mais à la manière dont le général le regardait, et après les paroles qu'il venait de dire, il pensa qu'il devait obéir à cette sorte de mise en demeure que lui fournissait le hasard.

— Et bien, reprit-il en s'adressant de nouveau au jeune homme, parlez, monsieur.

— D'abord, fit celui-ci comme pour se récuser, je n'étais pas ce soir chez la princesse.

— Alors, interrompit le général, si vous n'étiez pas témoin, vous n'avez rien à dire.

— Pardon, général, dit M. de Villerey, ceci est une affaire entre monsieur et moi.

— Pardon, monsieur le baron, reprit le général. En l'absence du docteur, dont il est beaucoup question ici depuis quelques instants, je prendrai la liberté de le représenter. Je crois d'abord qu'en pareille circonstance, on doit fermer l'oreille à toute information qui se reconnaît elle-même douteuse et pourrait faire préjuger légèrement d'un incident où il n'y a peut-être qu'un malentendu.

Ces paroles furent appuyées par cinq ou six personnes qui se trouvaient présentes.

— Soit, répondit M. de Villerey après une courte hésitation. Je verrai la baronne, et je désire qu'elle n'ait pas à confirmer quelque incident, comme vous dites, qui serait de nature à nécessiter mon intervention entre elle et M. le docteur ***, dont les libertés de langage auraient parfois besoin d'être tempérées.

Au moment où cette altercation s'élevait à propos de lui, le docteur, qui se promenait sur le boulevard, était arrivé machinalement à la porte du cercle, où stationnaient plusieurs voitures, parmi lesquelles il reconnut celle du général, qu'il supposa attablé à son whist ordinaire. L'idée lui vint alors de monter au cercle pendant une demi-heure, et d'y demander au jeu une distraction à des ennuis qu'il ne tenait pas à emporter sous son oreiller. En quittant le salon de la princesse, il était sorti fort peu satisfait de cette soirée, où il avait involontairement blessé une femme, et où il avait été volontairement blessé par une autre.

V

Il est reconnu qu'une offense féminine ne peut être considérée comme sérieuse par un homme, mais il n'en est pas moins vrai qu'une affaire de cette nature est, pour l'amour-propre, semblable à ces légères piqûres qui laissent dans l'épiderme une épine insaisissable et douloureuse au moindre contact. Déjà, en entrant dans les salons du cercle, le docteur avait remarqué une sorte de gêne que les gens les plus habiles ne parviennent pas à dissimuler lorsqu'ils se trouvent surpris par la présence inattendue d'une personne au moment où celle-ci est l'objet d'un entretien intime. Le silence embarrassé qui l'accueillit révéla au docteur qu'on s'occupait de lui, et cette supposition lui fut confirmée lorsque, en arrivant à la porte du salon de jeu, il entendit les derniers mots échangés avec une certaine animation entre le général et le baron de Villerey. Aussi, lorsqu'il pénétra dans le salon, sa physionomie exprimait-elle une des irritations contenues qui ne demandent qu'un prétexte pour se manifester. — Comme il avait en entrant fermé la porte derrière lui, chacun comprit, dans cette mesure de huis clos, une intention d'isoler entre les personnes présentes l'explication qui sans doute allait avoir lieu.

— Il m'a paru, messieurs, dit le docteur après avoir salué, qu'en mon absence vous me faisiez l'honneur de vous entretenir de moi. Et comme ces paroles semblaient particulièrement s'adresser au baron, celui-ci, posant ses cartes sur le tapis, répondit aussitôt :

— Oui, docteur, et votre présence est la bienvenue pour mettre un terme à des propos qui ont été apportés jusqu'ici.

— Par qui?

— Par le bruit public.

— Le bruit public est un être abstrait avec lequel je ne discute jamais, répliqua le docteur avec vivacité.

— L'abstraction peut, à l'occasion, s'incarner dans une personnalité, — répondit le baron; — et il ajouta : — Étiez-vous ce soir chez la princesse *** et y avez-vous rencontré la baronne?

Le nom de madame de Villerey, qu'il ne s'attendait pas à entendre prononcer, rappela au docteur le propos blessant que celle-ci lui avait lancé chez la princesse, et ce souvenir, qui vint remuer l'épine dans la plaie mal cicatrisée, aggrava encore l'irritation du docteur. Il répondit aussitôt :

— Je puis répondre à une question qui même ne serait dictée que par la curiosité, mais je me refuse à subir un interrogatoire.

— Ce n'est pas un interrogatoire, dit le baron plus doucement, c'est une sollicitation d'éclaircir un fait qui m'intéresse, puisqu'il touche une personne qui porte mon nom.

— J'étais ce soir chez la princesse, répondit le docteur, et j'ai eu effectivement l'honneur d'y rencontrer madame de Villerey.

— Et pendant cette soirée ne s'est-il pas élevé, entre elle et vous, à je ne sais quel propos, une mésintelligence qui se serait, de votre part, traduite d'une manière regrettable ?

— Ici, monsieur le baron, les renseignements que j'aurais à vous donner cessent d'être d'accord avec ceux qu'il vous a plu de recueillir, et à moins d'insistance de votre part, je ne continuerai pas une explication qui aborde des matières trop délicates pour être discutées ailleurs que dans l'intimité.

— Vous faites offense à la discrétion de ces messieurs, dit le baron.

— Je les prends à témoin que je cède à votre insistance, reprit le docteur. Ce soir, chez la princesse, où se trouvait madame de Villerey, et dans une circonstance où je n'ai pas eu l'avantage de me trouver d'accord avec elle, la baronne m'a témoigné sa contrariété d'une manière que je lui laisse à regretter.

— Je vous ferai observer, monsieur, dit le baron, que vos paroles semblent renvoyer à une autre personne les torts qui, au contraire...

— Monsieur, reprit le docteur avec fermeté, il peut vous plaire de provoquer presque publiquement, et sur un motif puéril, une discussion qui n'aurait pas dû naître entre nous. Mais il m'est permis de ne pas vous suivre au delà des limites tracées par les convenances.

— Ces limites-là, monsieur, répliqua le baron, il vous est arrivé assez souvent de les franchir vous-même pour qu'on puisse vous contester le droit de les indiquer aux autres.

En voyant la tournure que prenait le débat, ceux qui en étaient témoins essayèrent une intervention pacifique.

— Tenez, baron, dit le docteur en se levant, — ne nous engageons pas plus avant dans une sotte affaire ; — vous n'avez pas été heureux au whist, ce qui s'explique, puisque vous ne savez pas y jouer. Cette perte vous irrite, et l'irritation, quelle qu'en soit la nature, est mauvaise pour les tempéraments sanguins comme le vôtre. Il faut payer vos fiches, rentrer chez vous, dormir, et demain matin, quand vous serez plus calme, vous pourrez m'écrire un mot poli qui me fera oublier que vous ne l'avez pas été ce soir, madame de Villerey pourra y ajouter un post-scriptum. Telle est mon ordonnance.

— Avant de la suivre, répondit M. de Villerey avec une hauteur protectrice, vous me permettrez de la soumettre à deux personnes de ma connaissance, qui auront l'honneur de vous faire part du résultat de leur consultation.

Et ayant réglé ses pertes, il prit son chapeau et quitta le salon de jeu.

Après sa belliqueuse sortie du cercle, le baron était rentré chez lui, contrarié comme tout homme qui s'est mis une querelle sur les bras. L'attitude offensive qu'il avait prise devant le le docteur était un engagement de donner une suite à cette discussion, et M. de Villerey attendait impatiemment le retour de sa femme, espérant trouver, dans les renseignements que lui donnerait celle-ci, quelque épisode sur lequel il pût baser sa demande en réparation.

Lorsque madame de Villerey revint de chez la princesse, sans savoir dans quelle intention son mari l'interrogeait, elle lui raconta, avec une grande franchise, les événements de la soirée, et mit beaucoup de verve dans le récit de ce coup d'État féminin dans lequel le docteur s'était trouvé compromis, et où elle avoua avoir joué un rôle actif.

— Il nous est revenu au cercle quelque bruit de tout cela, dit le baron. On rapportait même que le docteur avait essayé de prendre une revanche de sa mésaventure par un retour offensif sur les personnes qui l'avaient provoquée.

— Il y a eu effectivement tentative de revanche, dit la baronne en riant, mais le pauvre docteur avait la tête tellement perdue de confusion, qu'il s'est laissé arrêter au premier mot. Oh ! mais, ajouta-t-elle ingénument, un mot que je regrette, car il pouvait aller loin.

— Eh bien, ma chère, dit le baron, très-peu satisfait du résultat de son enquête, il est arrivé, — et il raconta alors à sa femme la scène du cercle, et la situation dans laquelle il se trouvait actuellement en face du docteur.

Le premier mouvement de la baronne un peu alarmée fut bon.

— Il faut en convenir, dit-elle à son mari,

nous ne sommes pas irréprochables, et le docteur a le droit de se plaindre. — Je lui écrirai un mot de regret, qui mettra fin à tout ceci.

Cette bonne disposition d'esprit ne pouvait pas avoir une longue durée dans un esprit encore enivré par un de ces triomphes d'amour-propre auxquels les femmes attachent tant d'importance. La mise en retraite du docteur devant une épigramme de la baronne avait été remarquée, commentée; elle avait entendu ce murmure flatteur qui est la friandise de Sorente; elle avait vaincu publiquement un homme redouté par son esprit. Revenir par les excuses sur le propos qui lui avait procuré ce triomphe, n'était-ce pas démentir, rendre en quelque sorte le drapeau qu'elle avait conquis, perdre les bénéfices d'une partie gagnée sur tant de points? Ne devait-elle pas, au contraire, profiter de ses premiers avantages et les couronner par une victoire décisive qui la mettrait à l'ordre du jour du bavardage parisien?

Si la baronne n'exprima point ces idées avec cette franchise, elle parla du moins de manière à les laisser deviner. Aussi, après avoir convenu de ses torts, elle essaya de les amoindrir et invoqua en sa faveur le principe d'infaillibilité.

Par d'habiles manœuvres de langage, où les arguments spécieux ne furent pas ménagés, elle retourna complétement la situation en se constituant plaignante, et voyant que son mari, visiblement ennuyé par ces contradictions, demeurait immobile :

— Eh bien, lui demanda-t-elle, à quoi songez-vous?

— Je songe, ma chère, répondit le baron, qu'on a eu bien tort de représenter la Justice sous la figure d'une femme; et j'ai le regret de m'apercevoir que je me suis fait un peu légèrement le chevalier d'une cause douteuse; je me suis engagé dans une affaire qui, certainement, sera jugée comme pitoyable par tous les gens raisonnables.

— Eh bien, reprit la baronne, laissez-moi la diriger officieusement, et je m'engage à y trouver une issue qui vous tirera de cette situation à votre avantage. Vous auriez pu, à la rigueur, exprimer quelque regret au docteur, avant l'explication qui a passionné votre débat et l'a amené à un point qui peut avoir quelque gravité; maintenant, un retour vers lui pourrait être interprété d'une manière fâcheuse pour vous.

Il faut donc lui demander des excuses, acheva péremptoirement madame de Villerey, en se renfermant dans une citadelle d'obstination.

— Eh! fit le baron, pensez-vous donc que le docteur n'ait pas le souci de sa dignité et qu'il suffise d'une démonstration pour l'alarmer?

— Je ne lui fais pas cette injure, répondit la baronne, — mais le docteur connaît son époque et sait qu'en France il est des choses auxquelles rien ne résiste. — Un duel avec un de ses clients! — mais songez-y donc, on dirait partout que, ne trouvant pas dans sa science des moyens assez sûrs pour expédier ses malades, il a fait de sa trousse un arsenal. — Sa réputation y périrait.

— Ma chère, interrompit le baron, vous mêlez bien légèrement les choses futiles aux choses graves.

— Eh! monsieur, répliqua la baronne,—nous vivons dans un pays où le quolibet d'un enfant peut, à l'occasion, ébranler la plus haute existence. Le docteur, qui ne redouterait pas une rencontre pour les risques qu'il y pourrait courir, la craindra pour les conséquences du ridicule. — Si sa dignité ne peut céder devant la pression d'un homme, il peut, sans la compromettre, fléchir sous la pression d'une femme.

— Substituez-moi à votre personne, et vous le verrez accueillir avec joie le moyen conciliateur.

— En résumé, que voulez-vous lui demander? fit le baron

— La paix, fit-elle; mais il viendra la solliciter lui-même.

— Et vous pensez qu'il consentira ?

— Il est homme d'esprit ; entre deux ridicules, il choisira le moindre, et me saura gré d'avoir su trouver une issue honorable à une situation embarrassante.

— Et s'il refuse ?

— C'est qu'alors les propositions pacifiques lui auront été mal présentées. Aussi devez-vous confier cette négociation à des personnes d'un caractère conciliant, à des diplomates porteurs du rameau d'olivier, et non aux belliqueux hérauts dont la seule présence est une menace.

VI

Le lendemain, dans l'après-midi, comme le docteur rentrait de son hôpital, il reçut la visite de deux amis de M. de Villerey. Ils se hâtèrent de déclarer qu'ils venaient comme conciliateurs, et qu'ils n'avaient accepté la mission dont le baron les avait chargés qu'à cause de la modération de ses exigences.

Le mot fit sourire le docteur.

— Pardon, messieurs, répondit-il; M. de Villerey est tourmenté par une affection qui exerce une influence sur son caractère et le rend quelquefois d'humeur irritable. Il a eu avec moi hier un de ces accès, et peut-être s'est-il laissé entraîner dans ses paroles au delà de sa pensée. Mais on doit être indulgent pour un malade, surtout quand on est médecin et que le malade est un client. Seulement, au delà de cette indulgence, je ne comprends pas ce que M. de Villerey peut exiger de moi.

— M. de Villerey, dit l'un des envoyés, ne réclame de vous qu'une légère concession qui ne saurait être coûteuse à votre amour-propre, puisqu'il la sollicite en faveur de sa femme. Hier, à la suite d'un incident qui a ému le salon de la princesse, où se trouvait une personne étrangère au monde, la baronne de Villerey et quelques dames de ses amies se seraient crues blessées de votre attitude devant elles, et madame de Villerey vous saurait gré particulièrement si vous vouliez aller lui exprimer le regret de cette mésintelligence passagère.

— En résumé, docteur, ajouta le second envoyé, nous pouvons vous le dire, afin de retirer tout caractère sérieux à cette affaire, nous sommes autorisés à la restreindre entre la baronne et vous.

— C'est-à-dire, interrompit le docteur avec une feinte bonhomie, que mon aimable cliente a imaginé ce moyen diplomatique pour isoler son mari du débat et avoir tous les bénéfices de cette conciliation.

— Eh bien, oui, la baronne attache une grande importance à être seule en cause avec vous, et, pour donner plus d'éclat à cette réparation, elle recevra demain exceptionnellement.

— Et sans doute, fit le docteur, je devrai me

présenter en costume de pénitent, un cierge à la main. Messieurs, reprit-il avec l'accent sérieux d'un homme qui repousse une mystification, je regrette que vous vous soyez associés à une plaisanterie de ce genre, et l'intervention de madame de Villerey est un moyen d'arrangement auquel j'aime encore à croire que le baron est étranger. Je ne ferai pas d'amende honorable à madame de Villerey, parce que, dans cette circonstance, je ferais triompher sa vanité au préjudice de la justice. S'il reste inaperçu pour vous, je vois le but où tend cette combinaison : on voudrait faire de mes excuses à la personne qui m'a offensé, une offense nouvelle à la personne qu'on m'a déjà fait offenser. Ces variantes sont contradictoires avec mon caractère. Faites-le savoir à la personne que vous représentez, soit *il* ou *elle*. Pardon, messieurs, acheva le docteur en faisant à ses visiteurs un geste de congé, ma journée appartient aux gens qui souffrent ; si vous ne croyez pas votre mission terminée, achevez-la auprès du général.

La tradition fabuleuse rapporte l'existence d'un monstre auquel on sacrifiait annuellement un tribut de victimes.

Le Minotaure moderne, c'est le rire ; — et, plus inclément que l'ancien, l'impôt qu'i¹ réclame est quotidien.

En France, il est incarné dans les deux plus grandes personnalités satiriques connues. Il s'appelait alors Rabelais, — puis Voltaire.

Aujourd'hui, il s'appelle tout le monde.

Un écrivain satirique moderne, dans une de ses plus spirituelles boutades sur Paris, supposait le siége de cette ville par une armée ennemie, et demandait combien de temps elle tiendrait sans capituler.

— Paris, concluait-il, se battra bravement, même n'ayant plus de poudre; mais le jour où les primeurs manqueront au marché, il y aura des traîtres qui ouvriront les portes pour un plat de fraises.

Les primeurs dont le Parisiens se montrent volontiers les plus friands étant le scandale, on peut supposer que dans le cas d'un siége où la malignité publique aurait été trop longtemps affamée, Paris livrerait ses clefs à l'ennemi qui apporterait quelque anecdote sur le marché.

Cette curiosité a toujours été un des plus impérieux besoins de la société active, et c'est mériter ses bonnes grâces que de lui procurer l'occasion de se satisfaire. Aussi le plus joli cadeau qu'un homme puisse faire, par exemple, à une femme ayant un salon fréquenté, sera de lui apporter quotidiennement un œuf de scandale à couver; — avant le soir, l'oiseau aura des ailes.

On sait l'histoire d'un homme qui avait dans le monde la réputation de savoir le mieux dénicher ces sortes de merles.

Entrant un jour dans un salon où il était familier, il aperçoit toute la compagnie immobile et silencieuse comme une fresque peinte sur un mur.

Il y avait là les hommes les plus intelligents et les femmes les plus spirituelles de la société la plus spirituelle et la plus intelligente, et s'ils eussent parlé, du choc de leurs paroles aurait pu naître une de ces étincelantes causeries que Balzac faisait écouter par des génies cachés dans les serrures. — Eh bien, tous ces gens restaient frappés de mutisme, parce qu'il y avait disette de nouvelles, et qu'il leur répugnait de revenir sur la médisance de la veille, comme le chien retourne à un os déjà rongé. — L'ennui les pétrifiait tellement, que, pour se distraire, ils se fussent contentés du récit d'une bonne action, quittes à la retourner à l'envers pour voir si elle ne montrerait pas une sottise.

La présence du nouveau venu causa dans le cercle le mouvement vorace qui dut se produire sur le radeau de la *Méduse* quand on signala une voile libératrice. La maîtresse alla à lui, comme les enfants gourmands vont au-devant des vieillards connus par leur habitude d'avoir des bonbons dans leurs poches, et auxquels ils font la grimace quand la bonbonnière est vide.

C'était précisément le cas où se trouvait le

galant homme, et il comprit, à l'accueil fait à son silence, que sa réputation était compromise s'il se retirait avant d'avoir réveillé ce salon des beaux et des belles à l'esprit dormant.

Il fallait une victime à sa curiosité. — Il se sacrifia comme le pélican.

Après avoir secoué son jabot par un geste qui était le prélude d'une confidence, il demanda seulement qu'on fermât les fenêtres par mesure de discrétion, et, cette précaution prise :

— Messieurs, dit-il, ce qu'il y a de plus nouveau à Paris ce soir, c'est que ma femme a pris un amant ce matin.

Ce dévouement fut complété par un trait qui, dans son genre, était la touche même du génie. Celui qui venait si à propos de fournir un canevas à la médisance, comprit qu'on n'oserait sans doute pas le broder devant lui, et se retira aussitôt, demandant, pour toute récompense, qu'on n'ouvrît pas trop vite les fenêtres sous lesquelles il devait passer.

C'est en parlant de ce même personnage qu'une femme d'esprit disait un jour :

— M*** a la meilleure table de Paris : on y mange toujours son prochain.

Cette curiosité explique le retentissement soudain qui s'élève autour des actes ou des paroles en apparence les plus futiles, lorsqu'ils se rattachent à des individualités évidentes, et si haut qu'un homme ait placé sa vie, il ne pourra jamais la mettre complétement hors de portée de cette curiosité inquisitoriale. Tel jour ou tel autre, pour le moindre propos, au moindre prétexte, il devra être à son tour la *bête curieuse* désignée aux oisifs qui recherchent le sauvage plaisir de la dérision. Grand citoyen, sublime artiste, ou savant illustre, ce qu'il aura fait de grand, d'utile ou de beau, ne pourra pas le préserver, et l'ironie atteindra l'homme à travers son œuvre. Il trouvera même, et surtout, ses amis et ses enthousiastes oublieux, et les plus indulgents ne seront pas ceux qui essayeront de le défendre, mais ceux qui, au contraire, garderont le silence.

On a cependant vu des gens qui provoquaient et sollicitaient presque une mention dans ce moniteur verbal du ridicule et qui, pour l'obtenir, la payaient même au prix de leur dignité. Mais il existe aussi des natures craintives pour lesquelles c'est un souci sérieux de savoir leur nom l'objet d'un bavardage où la malveillance ne laisse pas échapper l'occasion de se manifester surtout lorsqu'on la lui a fait attendre longtemps. Il en est d'autres, indifféremment dédaigneuses, qui ne croient pas utile de troubler les sérieuses préoccupations de leur vie en ouvrant l'oreille à des taquineries mesquines tant que celles-ci ne franchissent pas certaines limites. Mais, si indifférent qu'un homme puisse être au jugement dont ses actes sont l'objet, il arrive cependant un moment où il ne peut s'empêcher d'intervenir lorsque ses actes ou ses paroles ont été dénaturés.

C'était précisément la situation dans laquelle se trouvait le docteur après la soirée de la princesse. — Les événements qui l'avaient troublée étaient arrivés à point pour renouveler le marché de la médisance, qui chômait depuis une semaine, et les personnes qui y avaient eu un rôle étaient devenues aussitôt le texte des commentaires les plus variés.

Deux circonstances ajoutaient quelque gravité à ces rumeurs. Dans quelques maisons restées tardivement ouvertes à des fêtes nocturnes, le bruit se répandit que la princesse ***, blessée de ce qui s'était passé chez elle, avait manifesté l'intention de fermer son salon pour l'hiver. Quant à l'explication animée qui s'était élevée au cercle entre le docteur *** et le baron de Villerey, bien qu'elle eût eu lieu dans un groupe isolé, il en avait transpiré quelque chose, et, comme il arrive presque toujours, on avait exagéré les termes échangés de part et d'autre. De même que, par ignorance de la vérité, on l'avait altérée au préjudice du docteur, en lui donnant tous les torts.

Ce n'est point rare de trouver à Paris des gens qui, par étourderie ou pour se donner l'apparence d'être dans le secret des choses que la plus simple convenance devrait tenir mystérieuses, enveniment au début des affaires qui auraient pu se terminer pacifiquement, et placent, à l'insu l'une de l'autre, les personnes qu'elles intéressent particulièrement, sous la pression de l'opinion publique.

Aussi, à l'heure même où M. de Villerey convenait avec sa femme d'envoyer une ambassade conciliante au docteur, et au moment même où celui-ci rentrait chez lui tout disposé à oublier une querelle qui n'avait de point de départ qu'une irritation commune, il y avait à Paris dix maisons où on leur mettait l'épée à la main.

VII

Au nombre de ses clientes, le docteur comptait la marquise de Merignon, une grande dame qui régnait sur l'aristocratique colline du faubourg Saint-Honoré. Il lui avait rendu le sceptre qu'elle avait dû déposer pendant une longue maladie qui l'avait tenue éloignée du monde et dont il l'avait guérie. Le jour où pour la première fois il lui avait permis de se regarder dans un miroir, en retrouvant sur son visage la beauté qu'elle croyait morte, la marquise avait poussé le cri de joie du guerrier à qui on rend ses armes. Il a fait mieux que me guérir, disait-elle en parlant du docteur, devenu pour elle l'objet d'une sorte de culte. Il m'a ressuscitée. Cet aveu ingénu fit même dire à quelques amies, peu satisfaites du miracle opéré par la science, que la marquise, dans son premier élan de résurrection, avait singulièrement étendu les limites de la reconnaissance.

Peu soucieuse de protester contre des propos ayant le dépit pour origine, madame de Merignon, une fois guérie, inventa des maux imaginaires pour justifier la présence du docteur dans sa maison.

Son salon passait pour être un des mieux renseignés de Paris, et c'était effectivement l'un des centres où abondaient le plus les nouvelles puisées aux sources certaines. On eût dit que madame de Merignon possédait l'ingénieux appareil acoustique que le farouche tyran Denis avait fait établir dans son palais, et qui apportait à son oreille défiante tous les bruits de Syracuse.

Aussi, lorsqu'un événement était douteux ou seulement obscur, c'était chez elle qu'on venait s'informer pour en connaître les causes réelles et en apprécier les conséquences possibles, et, pour employer une expression du langage typographique, elle donnait le *bon à tirer* du courrier de l'actualité.

Deux ans de maladie et de solitude, pendant lesquels elle n'avait pas eu à se louer de son mari, qui avait toujours eu quelque mission diplomatique dans les pays où les danseuses en vogue à l'Opéra prenaient leur congé, lui avaient aigri le caractère. Les femmes lui reprochaient de manquer d'indulgence.

— Il faut l'excuser si elle est un peu amère,

disait la baronne de Villerey avec une charité hypocrite ; la pauvre femme transpire ses anciennes tisanes.

Quelle qu'elle fût, elle était cependant fort recherchée dans le monde, où elle exerçait une influence sérieuse. Son mari, redevenu plus amoureux d'elle que jamais, et qui la trouvait plus froide à sa passion que le verrou qu'elle avait fait mettre à sa porte pour s'en préserver, occupait une charge élevée à la cour, où elle-même comptait d'augustes amitiés.

La marquise donnait presque tous les jours une audience matinale à ses familiers, à ses confidents, à tous les gens de bonne volonté qui allaient pour elle à la pipée de l'anecdote. Elle était fière de pouvoir ainsi montrer sous la clarté de midi, dont les franchises sont si cruelles pour les teints dévastés par l'atmosphère embrasée du bal, la renaissance de cette beauté invulnérable qui semblait trouver dans les fatigues mêmes d'une nuit donnée au plaisir les vertus juvéniles attribuées au flot de Jouvence.

Outre ces réceptions quotidiennes et intimes, elle en avait une officielle chaque mercredi de la semaine, et son mari s'y montrait fort assidu. Comme sa présence causait à madame de Merignon une mauvaise humeur très-apparente, elle s'en excusait en l'attribuant à la migraine. Aussi, dans le monde, appelait-on ces réceptions les *migraines de la marquise*, et quiconque y était reçu pouvait se présenter partout.

Par les tenants et aboutissants, madame de Merignon devait être instruite une des premières des rumeurs qui commençaient à circuler autour du docteur ; et, devinant un fond de malveillance dans les rapports qui lui arrivaient, elle le fit prier de monter chez elle en sortant de l'hôpital Beaujon, où il faisait une clinique hebdomadaire.

— Eh quoi! fit le docteur aux premières paroles qu'elle lui adressa, attache-t-on tant d'importance à des puérilités!

— Le monde ne vit que de cela, vous le savez bien, lui dit la marquise, et ce qu'il vous plaît d'appeler des puérilités, emprunte une importance aux noms qui s'y trouvent mêlés. — Je suis trop votre amie pour vous dissimuler, mon cher docteur, selon les commentaires dont cette soirée de la princesse *** est déjà l'objet, que vous vous êtes désigné d'une manière fâcheuse à l'attention publique.

— Ah çà! demanda le docteur, étonné de la gravité de la marquise, ai-je donc commis un crime ?

— Plus qu'un crime! reprit madame de Merignon en répétant un mot célèbre, une faute! et tous les gens, et ils sont nombreux, qui ont eu à subir les atteintes de votre franchise, s'emparent de cette faute pour vous traduire devant les assises de l'opinion, et il me sera particulièrement désagréable d'entendre un blâme quelconque accompagner votre nom.

— L'opinion, reprit le docteur, est une bavarde et une curieuse, je le sais, mais il est aussi des hommes dans la vie desquels elle peut entrer à toute heure sans qu'ils aient à redouter ses curiosités ou son bavardage, et je suis de ceux-là.

— L'opinion, continua la marquise, est un thermomètre variable qui indique à la société le degré d'estime et de considération qu'elle accorde à un homme parmi les autres, et vos amis peuvent trouver regrettable que vous ayez compromis la dignité reconnue de votre caractère en vous faisant l'auxiliaire d'une rancune féminine. — Oui, reprit la marquise avec insistance, ce n'était pas votre rôle de servir le dépit de madame de Villerey, il fallait rester neutre et laisser à cette coterie de puritaines l'initiative de leur réprobation. Dans ces circonstances, votre dédaigneuse boutade était plus qu'un *lapsus* de goût, c'était l'appoint d'une parole qui pèse, donné à un vote d'hostilité préméditée. Sans votre présence à cette soirée, la Costenzina n'y eût peut-être pas obtenu, comme femme, le succès qu'elle obtient comme cantatrice au théâtre. Mais elle eût du moins évité un échec qui devait être la conséquence de votre rigoureuse apostrophe.

Le docteur interrompit madame de Merignon et lui raconta le piége qui lui avait été tendu, et comment il y était involontairement tombé.

— Volontairement ou non, dit la marquise, vous avez mis la princesse et la fière Costenzina, son amie, dans une attitude pénible, et si indulgentes qu'elles puissent être, elles vous garderont rancune d'une profession de foi déjà qualifiée de brutalité sauvage par ceux ou plutôt par celles qui pouvaient avoir intérêt à ce qu'elle se produisît, madame de Villerey entre autres, à qui vous assuriez un triomphe sur sa rivale.

— Comment, fit le docteur en se levant et en donnant les marques d'un profond étonnement, madame de Villerey...

— D'où arrivez-vous donc, cher docteur?... fit la marquise d'un air qui semblait dire : Me prenez-vous pour dupe de votre feinte ignorance?

Et, comme il protestait de sa bonne foi, elle ajouta :

— N'est-ce pas vous qui, il y a deux ans, avez conseillé au baron d'accepter le consulat de Palerme?

— Oui, répondit-il; la santé de madame de Villerey m'inspirait alors quelques inquiétudes, et je pensai qu'un séjour de quelque temps sous ce climat pourrait lui être favorable.

— Vos prévisions se sont réalisées, dit malicieusement la marquise. Madame de Villerey est revenue de Sicile dans un merveilleux état de santé; mais on prétend que tout l'honneur n'en revient pas au climat, et on attribue particulièrement la guérison de cette maladie à des additions que la baronne aurait, à l'insu de son mari, introduites dans le traitement que vous lui aviez ordonné de suivre. Toujours est-il, selon la chronique parlementaire de cette époque, que M. de Villerey, après un an d'exercice, aurait demandé son retour en France pour des raisons auxquelles la politique était étrangère.

— Oui, je sais, dit le docteur, « un léger bruit rasant la terre ».

— Dites plutôt les flots; car la nouvelle est venue par mer.

— Faut-il y croire? La médisance est née italienne !

— De parents français, interrompit la marquise, en riant. — Enfin, vous faites de la discrétion, parce que madame de Villerey est votre amie.

— Mon amie! fit le docteur en se récriant. Je ne suis pas son ami, moi.

— Eh bien alors, demanda madame de Merignon, pourquoi donc avez-vous paru prendre ses intérêts contre la Costenzina? La cause de celle-ci, bien qu'elle appartienne au théâtre, est plus morale que celle de la baronne, puisqu'en définitive madame de Villerey ne peut pas épouser M. de Caprana. A moins, cependant, que vous ne lui ayez fait espérer qu'elle aurait prochainement le désespoir d'être veuve.

— M. de Caprana, le frère de la princesse! interrompit le docteur avec un nouvel accès de surprise. Je vous assure que j'ignorais absolument.

— On dit cependant qu'auprès des femmes les médecins ont le privilége des confesseurs; ce n'est donc pas vrai? Eh bien, oui, dit-elle, le beau monsieur de Caprana, l'adonis de Caprana, un chef-d'œuvre trouvé dans une fouille par madame de Villerey, consulesse de France, et qui serait mieux placé, dit-on, dans un musée que dans une légation; M. de Caprana, que la baronne avait su enlever à la Costenzina pendant son séjour à Palerme, a quitté madame de Villerey, à l'amiable, dit-on; mais, en apprenant que cet abandon était motivé par son retour vers la Costenzina, la baronne en a conçu un dépit très-vif, et c'est à prendre une revanche que vous l'avez si puissamment aidée hier au soir. Y êtes-vous, maintenant, cher docteur?

VIII

La marquise de Merignon, convaincue de la sincère ignorance du docteur, consentit, sur la demande que lui fit celui-ci, à compléter ses demi-confidences en lui racontant ce qu'elle savait elle-même relativement aux personnages dont il était question entre eux, et particulièrement les faits concernant la Costenzina, dont la véritable histoire demeurait encore ignorée des curiosités biographiques.

Celle-ci était, par sa naissance, apparentée naturellement à une des familles historiques de la Sicile. Son père, le comte Nani, était un des derniers descendants de ces nobles Palermitains qui avaient sonné le tocsin meurtrier des Vêpres libératrices.

Le comte Nani avait épousé tout jeune encore une des plus riches patriciennes de Palerme, à laquelle il n'apporta que sa main, car son mariage n'était qu'un acte d'obéissance aux volontés paternelles, et son cœur était resté à la première femme qui l'avait fait battre.

En apprenant que cette liaison, rendue adultère par le mariage, se prolongeait encore, la comtesse Nani, fidèle à son écusson, qui portait une main armée d'un poignard, avec cette devise : *Me venger!* fit assassiner la maîtresse de son mari peu de temps après que celle-ci eut mis au monde une petite fille qui devait être un jour la célèbre Costenzina.

Craignant que la vengeance de sa femme ne poursuivît l'enfant comme elle avait frappé la mère, le comte Nani confia sa fille aux soins d'un vieux musicien, auquel il avait assuré l'existence en lui faisant obtenir la place d'organiste à la cathédrale de Strapezi, gros bourg maritime élevé sur un rocher brûlé du littoral sicilien.

Domenico Costenzini était un vieil enfant perdu de l'art musical comme le Giotto était peintre; mais il n'avait jamais rencontré de Cimabuë révélateur. Aussi ses rêves de gloire et d'ambition ne franchissaient-ils point les murs de cette humble basilique, où son génie, ignoré de lui-même, s'épanouissait comme une fleur solitaire sur un pic inconnu. Vivant seul au milieu du monde sonore de la mélodie, il marchait dans la vie avec l'indolence du pâtre qu'il rencontrait quelquefois cheminant dans la montagne, accompagné par un essaim d'abeilles.

Domenico fit mieux que de recueillir l'enfant du comte Nani. Heureux de pouvoir manifester sa reconnaissance à celui qu'il considérait comme son bienfaiteur, sa paternité fictive eut tous les élans d'une paternité réelle.

Ne pouvant le chanter tout haut, il murmura auprès du berceau confié à ses soins le cantique fidèle du pieux Siméon, et versa à plein cœur sur la créature qu'il renfermait tous les trésors amassés pendant son existence, qui n'avait été qu'une longue solitude.

Après avoir vécu presque exclusivement pour l'art, il se sentait attiré dans l'humanité par des petites mains caressantes, et, comme une graine apportée par le vent féconde un jour le rocher stérile où le roitelet n'eût pas trouvé d'ombre, cette enfance venait tardivement peupler d'affections la vie abandonnée du vieillard. Elle était, par ses grâces charmantes, par ses joies naïves, par son sourire et par ses fleurs mêmes, le bouquet parfumé, l'oiseau chanteur de l'aride rocher.

Par un pieux stratagème, et pour conserver à la fille du comte Nani le nom paternel qu'elle ne devait pas porter, Domenico l'avait appelée Nina. Chaque jour il s'attachait d'autant plus à l'enfant, qu'il avait trouvé dans son amour pour elle une nouvelle source d'inspiration. Sa musique était devenue l'écho des sensations que la petite Nina faisait naître dans son âme. Triste ou joyeux, il solennisait par quelque chant nouveau tous les incidents qui se rattachaient à sa fille d'adoption.

Un vendredi saint, comme ses fonctions l'appelaient impérieusement aux offices, il fut obligé de laisser aux soins d'une voisine l'enfant, dont la vie était alors menacée par une de ces maladies devant lesquelles la science hésite. A l'instant du *Stabat*, le vieil artiste, dont le cœur était percé du même glaive qui faisait saigner le cœur de la divine et douloureuse mère, épancha sur le clavier de l'orgue une lamentation tellement navrée, qu'un sanglot oppressa toutes les poitrines. On eût dit que le fleuve des larmes maternelles venait de déborder tout à coup dans les vastes tuyaux de l'instrument, qui n'avait jamais donné à la prière humaine les ailes d'une foi plus vive.

En ce moment, Palestrina, Pergolèse et Marcello, les trois maîtres de la lyre chrétienne, durent se pencher aux tribunes célestes, et chacun d'eux peut-être détacha un rameau de son laurier pour tresser une couronne à cet obscur serviteur de l'art, qui avait trouvé son chef-d'œuvre dans la douleur.

Une ou deux fois par an, le comte Nani venait voir sa fille. Ces visites devaient être entourées de grandes précautions, car la comtesse avait appris l'existence de l'enfant adultérin et faisait faire des recherches pour découvrir la retraite où son mari cachait sans doute le vivant souvenir d'un amour auquel elle sentait bien qu'il était resté fidèle. Bien que son mariage lui eût en apparence constitué une des plus belles fortunes du pays, le comte, dont les moindres actes étaient devenus l'objet des soupçons de sa femme, et surtout de la famille de celle-ci, n'avait pas l'administration de ses biens, et ce n'est pas sans difficulté qu'il pouvait chaque année distraire une petite somme destinée à augmenter les faibles ressources de Domenico. Cette impuissance où il se trouvait de pouvoir assurer l'avenir de sa fille était la plus grande inquiétude du comte.

— Tu es vieux, disait-il quelquefois au pauvre musicien; que deviendrait Nina si tu venais à lui manquer?

— Rassurez-vous, monseigneur, répondait celui-ci avec un élan de certitude passionnée; chacune des années que le ciel donne à notre chère enfant me retire à moi-même une de celles qu'il m'a déjà comptées. La Providence nous a vus, et la *Dame du Paradis*, sous la protection de qui j'ai placé la petite créature, ne permettra pas qu'elle demeure sans appui. Je ne mourrai que lorsque ma vie sera devenue inutile, et alors tout sera bien, ajouta-t-il avec simplicité.

Ces paroles semblaient répondre à une espérance que le comte avait laissé voir à son vieux serviteur. — Nature tendre, âme de poëte au cœur d'enfant, il ne pouvait croire à la durée des passions qui éternisent la haine, et pensait qu'avec le temps la comtesse, qui était plus âgée que lui, pourrait oublier le passé et pardonner l'existence à l'être innocent dont la naissance avait été si cruellement vengée. Le comte n'exagérait pas son espérance jusqu'à supposer que sa femme pourrait un jour lui permettre la reconnaissance publique de son enfant; mais il croyait qu'elle tolérerait une paternité discrète, une protection officieuse qu'elle partagerait peut-être elle-même, en expiation du crime qui avait fait une orpheline.

Malheureusement, ce rêve ne pouvait être réalisable avec la comtesse Nani, une de ces natures dont l'orgueil obstinément vindicatif considère l'indulgence comme une lâche faiblesse, et qui, au risque d'empoisonner toute leur existence, trouvent un amer plaisir à cultiver la venimeuse plante de la rancune.

Le comte eut bientôt l'occasion de s'apercevoir que sa femme n'avait rien oublié.

Dessinateur assez habile, il avait fait d'après sa fille un portrait dans lequel il retrouvait la fidèle image de la mère. A cinq ans, Nina donnait déjà les promesses de cette beauté souveraine qui devait se révéler plus tard comme une résurrection d'un des types les plus merveilleux de l'art antique. Pour ne pas la désigner à l'attention des gens de Strapezi, le comte avait exigé de Domenico qu'il laissât sa fille vivre de la libre vie des enfants du bourg. Elle eut donc, pendant ses premières années, cette existence d'heureux loisir et de vagabondage errant qui est un des besoins de l'existence, et qui devait rester l'un des besoins de sa vie.

Parmi ses compagnons de jeux, tous nés dans les humbles cabanes creusées dans le roc où les pêcheurs de corail abritent leur famille, le hasard avait mêlé un enfant de noble race, en qui menaçait de s'éteindre un des grands noms de cette aristocratie vénitienne dont la fortune et la splendeur disparurent sous la chute de leur république.

Débile et dernier rejeton de la famille ducale de Caprana, le petit Scipion Caprana avait trouvé la ruine et la mort au pied de son berceau. Son oncle paternel, le dernier parent qui lui restât, était venu le prendre dans ses langes d'orphelin et l'avait emmené ensuite, pensant que l'ardent climat de ce pays pourrait détruire peut-être, dans son principe, la maladie que sa mère avait laissée à l'enfant en le mettant au monde.

IX

Le vieux chevalier de Caprana possédait sur le rocher de Strapezi une sorte de bastide bâtie sur les ruines d'un ancien temple, dont les murailles crénelées indiquaient que cette habitation avait pu être un point d'occupation militaire élevé pour la défense de l'île, qui demeura si longtemps sur le qui-vive de l'invasion. Ce fut dans ce manoir aux assises païennes, que le chevalier de Caprana conduisit son neveu et qu'il s'efforça de faire mettre les deux pieds dans la vie à l'être chétif qui pouvait seul perpétuer le nom de ses ancêtres.

Une sorte d'attraction attira tout d'abord l'un à l'autre le petit Scipion et la petite Nina. Était-ce la communauté de race qui les fit se reconnaître instinctivement et se rechercher parmi les autres? Devinèrent-ils leur communauté de deuil, en se voyant tristes tous les deux, quand ils entendaient les autres enfants quitter leurs jeux pour courir à une femme qu'ils appelaient ma mère? N'était-ce pas plutôt ce matinal besoin de sympathie, plus hâtif chez les êtres isolés? Quoi que ce fût, ils allaient l'un à l'autre et l'un avec l'autre toujours, comme allaient jadis, dans cette Ionie voisine de leur plage, les deux chastes enfants de cette douce pastorale dont ils recommençaient les premiers chapitres.

Le petit duc Scipion et la petite Nina jouaient un jour sur le bord de la mer. C'était à la suite d'une de ces tempêtes redoutées des marins quand ils sont surpris au passage du périlleux détroit. Lorsque ces mauvais temps ont quelque durée, les eaux, émues par la violence des vents jusque dans leur profondeur, laissent ordinairement remonter à leur surface les mystérieuses richesses enfouies dans leur sein. Les madrépores roses et blancs, les coraux pourpres arrachés de leurs bancs, les algues, les mousses, les coquillages étincelants aux mille formes et aux mille couleurs ; toutes les végétations bizarres et charmantes de la flore sous-marine, tous les bijoux délicats détachés de l'humide écrin des sirènes, viennent alors, poussés par le flot, s'échouer au rivage, où ils se trouvent retenus par les sables.

Ainsi, quand un nuage inquiétant se formait à l'horizon, et que les vagues de la mer semblaient d'immenses poitrines gonflées par des plaintes lamentables; lorsque l'ardent siroco courbait au niveau du sol la cime des palmiers, déracinait les clôtures d'aloës, et secouait sur la campagne la brûlante poussière du désert d'Afrique qui suffoquait les troupeaux effarés ; dans ce désordre des éléments, les enfants du bourg de Strapezi ne voyaient qu'une promesse d'abondance qui allait de nouveau fertiliser leur plage. Dans leur innocent égoïsme, insoucieux du sort de la voile errante livrée aux dangers de l'ouragan, ils le regardaient venir presque avec joie en répétant le proverbe familier du pays : Le vent fait la part du sable.

C'était cette espérance qui, au lendemain d'une tempête, avait amené les deux orphelins sur la plage de Strapezi. Ils avaient déjà fait une ample moisson d'herbes marines et de coquillages de toutes sortes, lorsque Nina trouva,

incrusté dans une anfractuosité de récif à fleur
d'eau, un petit coffret de métal encore à demi
recouvert d'une carapace épaisse formée par
une agglomération de sels marins. Elle porta
aussitôt cette trouvaille à son compagnon, qui
s'arma d'un gros caillou avec lequel il brisa la
croûte amassée autour du coffret, dont les parois
étaient rongées par une rouille séculaire. En le
secouant par ses anses, Scipion lui fit rendre
un bruit sonore qui éveilla sa curiosité ainsi
que celle de Nina. Quelques efforts qu'ils fissent
pour desceller le couvercle, ils ne purent y parvenir, et, fatigués l'un et l'autre par une dépense
inaccoutumée de forces, ils se couchèrent sur
le sable en se demandant mutuellement ce que
le merveilleux coffret pouvait bien contenir, et,
tous deux unissant leur intelligence, cherchèrent
en commun un moyen de satisfaire leur curio-

sité commune. Ce fut Scipion qui le premier poussa le joyeux eureka.

— Attends! s'écria-t-il tout à coup et en prenant le coffret dans ses mains.

— Que veux-tu faire? lui demanda Nina.

Scipion lui désigna, à quelques pas d'eux, un rocher élevé d'une centaine de pieds dont la base était hérissée de récifs anguleux.

— Je vois bien, dit-il à son amie, que tu as envie de savoir ce qu'il y a là dedans, et que tu ne dormiras pas cette nuit si tu ne le sais pas ce soir. Je vais monter là-haut avec le coffret, et je le jetterai sur les pierres jusqu'à ce qu'il s'ouvre, ou jusqu'à ce qu'il se casse.

La proposition du petit Caprana ne fut pas accueillie sans débat par sa compagne. Nina avait d'un coup d'œil mesuré la hauteur du rocher et s'en était épouvantée. On ne pouvait d'ailleurs atteindre à son sommet qu'en suivant un sentier presque à pic, qui le contournait et qui était jonché de pierres roulant sous les pieds. Aussi appelait-on ce sentier le *chemin qui marche*, et en défendait-on la fréquentation aux enfants, dans la crainte des accidents.

Malgré les prières de Nina, Scipion s'échappa joyeusement et courut vers le rocher, dont il commença l'ascension avec l'agilité des chèvres qui se dérangeaient sur son passage. Comme il approchait du sommet, une brise soudaine lui enleva la petite coiffure en jonc tressé que son oncle l'obligeait à porter pour qu'il n'eût pas le teint brûlé par l'ardeur du soleil. En voyant le chapeau emporté par le vent, et en n'apercevant plus Scipion, qui s'était prudemment jeté à l'abri derrière un quartier de roc, Nina pensa que son ami, ayant fait une chute, roulait, sans doute, sur la pente opposée. Elle jeta un cri de terreur et tomba à genoux sur le sable, joignant les mains et se retournant par un mouvement de piété instinctive dans la direction d'une chapelle élevée à la madone à l'extrémité du môle voisin.

Un cri de triomphe répondit presque aussitôt à son cri d'effroi, et Nina, en relevant la tête, aperçut Scipion qui arrivait sur le couronnement du rocher et s'approchait avec précaution de l'extrême bord. Il éleva les mains au-dessus de sa tête, et précipita le coffret, qui tomba en rebondissant sur les pointes des récifs. Nina accourut aussitôt et fut rejointe par Scipion.

Le coffret ne s'était ni brisé ni ouvert dans sa chute; mais son formidable choc avec le granit avait produit dans le métal un ébranlement à la suite duquel le couvercle s'était légè-

rement descellé. Cependant l'ouverture en était
encore impossible. Encouragé par ce premier
résultat, Scipion voulut recommencer sa course
au rocher, et toutes les supplications de Nina
ne purent l'empêcher d'y retourner. Ce fut seulement dans sa troisième chute que le coffret
creva l'une de ses parois, en tombant à pic dans
une perpendiculaire rigoureuse sur un des
angles les plus aigus du récif. Si étroite que
fût cette ouverture, elle laissa pénétrer dans
les flancs du coffret un rayon lumineux qui fit
briller d'un subit éclat les lames d'or dont il
était intérieurement doublé. Les enfants eurent
beaucoup de peine pour élargir cette ouverture;
mais ils y parvinrent cependant, aidés par l'ingénieuse industrie de la curiosité. La brèche,
progressivement agrandie, devint bientôt praticable au passage des objets que renfermait le

coffret, dont le mystérieux trésor fut vidé sur le sable.

Nina jeta un cri de joie en apercevant un bracelet formant une chaîne, de lourds pendants d'oreille et un collier de perles. — Tous ces bijoux étaient de forme antique.

D'où venait ce coffret? Peut-être était-il l'épave du naufrage de quelque hétaïre célèbre dans la grande Grèce, et qui avait péri en se rendant d'Athènes à Syracuse. Peut-être était-ce l'écrin nuptial de Myrta, cette jeune Tarentine qui tomba dans les flots en regardant les étoiles, et dont la mort fut chantée par Chénier.

Pendant que Nina regardait avec admiration ces parures qu'une clôture hermétique avait préservées de toute altération, Scipion, ayant de nouveau secoué le coffret, en fit tomber plusieurs médailles de métaux diversement précieux et de modules variés. Toutes ces médailles semblaient sortir de la fonte et attestaient par leur exécution qu'elles étaient contemporaines des meilleures époques de l'art ancien.

Parmi ces médailles, qui ne portaient aucune empreinte de coin monétaire, il en était plusieurs où se trouvaient reproduites les mêmes effigies : une tête de jeune fille et une tête de jeune garçon, beaux tous deux de cette beauté qui devait rester la source éternelle du beau. En examinant avec un soin particulier le médaillon à l'effigie féminine, Scipion regardait Nina essayant de se parer des bijoux antiques. Elle avait en vain tenté d'entourer son bras du bracelet, trop large pour son frêle poignet; mais elle était parvenue à substituer aux brins de corail qui rougissaient son oreille les deux anneaux trouvés dans le coffret, et, s'étant ensuite découvert la naissance du col, elle mit le collier, dont les perles allongées en larmes blanches semblèrent des gouttes nacrées pleurant sur sa poitrine. Ayant achevé, l'instinctive coquetterie, qui n'a pas d'âge chez la femme, lui donna l'idée de se voir. Elle creusa alors dans le sable une sorte de petit bassin, où le premier flot qui monta du rivage vint encadrer un miroir naturel, sur lequel elle se pencha, orgueilleuse et fière. Comme elle se relevait pour se montrer à Scipion, le collier et les pendants d'oreille complétant une ressemblance que l'enfant avait cru saisir d'abord entre Nina et la figure antique, il l'attira vivement par la main et s'écria en lui montrant le médaillon :

— Tiens, Nina, regarde, c'est ton portrait.
— Oh! fit-elle avec surprise — et, prenant

la médaille, elle courut à son miroir improvisé pour comparer les ressemblances ; — mais déjà le flot prisonnier s'était échappé du bassin pour retourner à la mer.

Eh bien, dit-elle en revenant vers Scipion, puisque tu trouves que cela me ressemble, je te donne la médaille. — Voyons les autres, fit Nina en se baissant pour regarder les médaillons symétriquement rangés sur le sable. — Me voilà encore, dit-elle en en désignant une moins grande, et puis encore. — Mais tout à coup sa vue s'arrêta sur l'effigie du jeune adolescent, et l'indiquant du doigt à Scipion, elle lui dit avec une surprise joyeuse, après l'avoir regardé :
— Toi aussi, te voilà !

— Tu trouves? demanda Scipion.

— Attends, reprit la petite. Elle bondit plutôt qu'elle ne courut vers le rocher voisin, brisa une branche de myrte, et revint auprès de son ami.

— Que veux-tu faire ? lui demanda-t-il.

— Baisse-toi, dit Nina, en faisant mettre Scipion à genoux devant elle. Et ayant tordu en couronne la branche fleurie qu'elle venait de cueillir, elle la posa sur le front du petit duc.

— Oh ! comme c'est bien toi maintenant ! s'écria-t-elle en regardant alternativement Scipion et la médaille.

— Eh bien, Nina, lui dit-il en lui répétant la réponse qu'elle-même venait de lui faire, puisque tu trouves que ce médaillon me ressemble, je te le donne. Tiens, au fait, reprit Scipion en s'interrompant, je n'ai pas besoin de te le donner, puisque c'est toi qui as trouvé le coffret, tout ce qui est dedans est à toi.

Il s'engagea alors une enfantine discussion

entre Nina et son compagnon, qui, plus âgé que son amie, avait instinctivement connaissance de la valeur de cette trouvaille, et voulait la lui laisser tout entière, se réservant seulement pour lui le médaillon qui était le portrait de Nina.

— Non, répondit celle-ci; si j'ai trouvé le coffret, c'est toi qui l'as ouvert; ce qui est dedans est à nous deux, et nous le partagerons... quand nous aurons fait la part de la Vierge, qui est la reine de la mer, et qui n'a pas voulu que tu tombes quand tu es monté sur le rocher

Et, s'étant pris tous deux par la main, ils se dirigèrent vers la chapelle du môle pour y déposer leur pieuse offrande.

— Que vas-tu donner à la madone? demanda Scipion.

— Que trouves-tu de plus beau dans ces

belles choses? répondit Nina en ouvrant le tablier où elle avait mis les bijoux.

— C'est le collier, Nina.

— Alors nous donnerons le collier, Scipion.

Et tous deux se remirent à marcher sur le bord de cette plage mélodieuse, où, deux mille ans auparavant, unis déjà du cœur et des mains comme ils l'étaient eux-mêmes en ce moment, Théocrite avait rencontré peut-être les deux adolescents qui leur ressemblaient et dont la mer venait de leur envoyer l'image.

X

Comme ils approchaient de la chapelle, ils s'entendirent appeler par une voix, et, s'étant retournés, ils aperçurent le vieux Domenico qui courait après eux, inquiété par la longue absence de Nina.

Ils s'arrêtent alors pour lui montrer leur trouvaille.

— Étrange ! étrange ! murmura le vieillard, qui examinait les médailles et comparait cette double ressemblance qui existait entre les figures antiques et celles des deux enfants. Mais son étonnement grandit encore lorsqu'il aperçut les bijoux, auxquels, si étranger qu'il fût aux choses de la vie, il ne pouvait s'empêcher d'attribuer une grande valeur. Aussi, comme s'il eût répondu tout haut à une pensée intérieure, il ajouta en regardant Nina :

— C'est peut-être une dot que la Providence lui envoie. Où alliez-vous? demanda-t-il ensuite aux deux enfants, qui lui expliquèrent le but de leur visite à la chapelle du môle.

Tout en approuvant le sentiment qui leur inspirait cette pieuse offrande, Domenico s'opposa à ce que Nina se séparât des précieux bijoux, qui pouvaient devenir plus tard une ressource pour l'orpheline. Aussi Nina fit-elle une moue chagrine et exprima son mécontentement dans un naïf aveu qui fit sourire le vieux musicien.

— Ah! quel malheur que tu sois venu si vite!

lui dit-elle, — à présent la madone aurait le collier et tu n'aurais pas osé le lui reprendre.

— Non, certes, répondit Domenico, car on ne doit pas plus reprendre aux saints ce qu'on leur a donné, qu'on ne doit leur rendre ce qu'ils vous donnent eux-mêmes.

Nina secoua la tête, comme si elle eût été peu convaincue par cet argument. Mais dans cet instant un incident vint donner un autre cours à ses pensées.

Scipion s'était plaint d'être fatigué et avait demandé à s'asseoir.

En le regardant, Domenico s'aperçut que le visage du petit Caprana était devenu tout pâle. Ses dents claquaient et son corps était agité par un tremblement qui augmentait à chaque minute. Domenico, sachant qu'il était d'une santé délicate, ne prit d'abord pas trop d'inquiétude; mais, par précaution, voyant que le tremblement redoublait et que le teint pâle de l'enfant se rougissait d'une pourpre fiévreuse, il emprunta un caban à un pêcheur qu'il rencontra, enveloppa Scipion dans les plis du lourd vêtement, et le prenant dans ses bras, il l'emporta à la bastide du chevalier Caprana.

Derrière lui Nina courait en appelant Scipion, et voyant que celui-ci ne répondait pas, elle se mit à pleurer.

Le lendemain, l'oncle de Scipion veillait au chevet de son neveu, en compagnie du médecin du pays, qui refusait de se prononcer sur l'état du malade.

Après les trois rapides ascensions sur le rocher, et le mouvement qu'il s'était donné pour ouvrir le coffret, Scipion, imprévoyant comme l'enfance, s'était découvert de ses vêtements, et la transpiration avait été arrêtée par l'humidité du sable sur lequel il s'était assis, et par la fraîcheur de la brise de mer qui se lève vers la fin du jour. Aussi avait-il éprouvé bientôt les symptômes qui caractérisent la pleurésie, et pendant la nuit le mal s'était déclaré avec assez de gravité pour que le médecin n'osât pas répondre des suites qu'il pourrait avoir.

Le lendemain, dans la matinée, Nina courut à l'endroit où elle trouvait quotidiennement le petit duc; elle l'attendit patiemment pendant trois heures. Et, ne le voyant pas venir, elle alla rôder autour de la maison, près de laquelle elle resta jusqu'au soir.

Ce ne fut qu'en rentrant chez Domenico, à qui elle demanda si Scipion n'était pas venu la chercher, qu'elle apprit sa maladie.

— Oh! s'écria-t-elle en pleurant, c'est la madonc qui nous punit de ne pas lui avoir donné sa part.

Et, pendant toute la nuit, le vieil artiste l'entendit gémir et prier dans son lit.

La maladie de Scipion empira pendant trois jours, durant lesquels Domenico ne put empêcher Nina de s'échapper pour aller à la villa Caprana.

Elle fut aperçue une fois par le chevalier, qui demeura frappé de sa ressemblance avec la figure gravée sur une médaille qu'il avait trouvée sous l'oreiller du petit duc.

En la voyant tout éplorée, le vieux Caprana fut ému par cette pitié enfantine. Il l'interrogea doucement, et son étonnement augmenta encore lorsque, après lui avoir raconté sa dernière promenade avec Scipion, elle lui montra la médaille qui offrait l'image de celui-ci.

Comme avait fait Domenico, le chevalier murmura entre ses dents :

— Étrange! étrange! — Qui es-tu, petite? lui demanda-t-il ensuite.

— Je suis Nina, l'amie de Scipion, répondit-elle, et elle ajouta :

— Est-ce qu'il ne viendra pas encore jouer aujourd'hui?

L'oncle du petit duc secoua négativement la tête.

— Non! dit Nina, — et demain?

— Ni demain ni jamais, peut-être, fit tristement le vieillard.

— Jamais! répéta Nina, et elle se mit à compter sur ses doigts comme pour chercher la mesure de jours que le mot pouvait exprimer.

— Jamais, reprit-elle avec inquiétude : — est-ce bien longtemps?

— Enfant, dit le chevalier en la quittant pour rejoindre le petit malade, dont l'état était alors désespéré, jamais, c'est toujours.

Nina revint lentement, en répétant, sans les comprendre, les deux grands mots de l'éternité.

Comme elle passait devant l'église, elle en vit sortir un enterrement qui se dirigeait vers le cimetière de la basilique. C'était celui d'une petite fille morte la veille. Selon l'usage du pays, le corps, vêtu d'habits blancs, était porté par quatre jeunes filles suivies de toutes leurs compagnes. Nina se joignit machinalement au cortége, derrière lequel les parents marchaient en pleurant.

Quand on fut arrivé au lieu du repos et que le corps eut été descendu dans la fosse, tous les enfants s'approchèrent tour à tour et jetèrent sur le cadavre les fleurs et les rameaux qu'ils tenaient dans la main. L'un d'eux, voyant que la main de Nina était vide, partagea ses fleurs avec elle et la conduisit au bord de la fosse au fond de laquelle le cadavre disparaissait déjà sous une jonchée embaumée.

— Ah! dit Nina en se penchant, on ne la voit plus.

— On ne la verra plus jamais, fit l'enfant en faisant neiger dans la fosse les blanches fleurs du jasmin et de l'oranger; elle est morte, ajouta-t-il.

— Morte! répéta Nina machinalement. En ce moment, selon la tradition, la sœur aînée de la défunte s'approcha au bord de la tombe et commença le *chant*.

Après chaque strophe de cette mélodie funèbre elle jetait une pelletée de terre sur le corps, et chacune de ses strophes se terminait par cette phrase que les assistants répétaient en chœur :

— Adieu pour jamais! adieu pour toujours!
A la dernière strophe, la fosse se trouva comblée.

Cette scène, qui venait pour la première fois de lui faire concevoir l'idée du départ sans retour, laissa Nina douloureusement pensive, et, se rappelant les paroles que le chevalier lui avait dites à propos de Scipion, elle s'écria en pleurant :

— Jamais! c'est donc mourir!

Le lendemain de cette journée, le marquis Nani, déguisé en pêcheur, selon son habitude, vint à Strapezi pour voir sa fille. En ne la trouvant pas auprès de Domenico, il lui échappa un cri d'inquiétude. Mais le vieux musicien l'eut bientôt rassuré en lui expliquant le motif qui, depuis quelques jours, entraînait Nina hors de la maison.

— Les pêcheurs qui m'ont amené, dit le comte, craignent le mauvais temps. Ils ne m'ont donné que deux heures à rester. Je veux les passer auprès de Nina. Allons la chercher ensemble.

Ils se rendirent d'abord aux alentours de la villa Caprana, et n'y trouvèrent pas l'enfant, qu'on n'y avait pas encore aperçue.

— Comment va le petit duc? demanda Domenico à la nourrice du petit Scipion.

Celle-ci étendit la main vers la maison et répondit brèvement :

— La mort est sur nous.

En parcourant le village, le vieux musicien demanda à une femme qui connaissait Nina si elle ne l'avait point rencontrée.

— Tout à l'heure, dit-elle, je l'ai vue entrer dans l'église.

— Allons ! fit le comte Nani.

Comme ils entraient dans la vieille basilique, obscure et solitaire à cette heure de la journée, ils aperçurent Nina agenouillée aux pieds d'une madone gracieusement sculptée, et que la piété des habitants avait chargée de nombreuses offrandes votives. L'enfant releva la tête au bruit des pas, et quand Domenico fut auprès d'elle, elle lui désigna la madone déjà parée du collier de perles.

— Cette fois, lui dit-elle avec un accent de croyance passionnée, tu arrives trop tard, et Scipion ne mourra pas.

Peu de jours après, Scipion complétement rétabli et la petite Nina se retrouvaient ensemble au bord de la mer et à l'endroit où ils avaient failli se voir pour la dernière fois.

Si courte qu'eût été leur séparation et si jeunes qu'ils pussent être, le lien qui les unissait l'un à l'autre avait subi déjà cette douloureuse épreuve des larmes, qui est pour certains sentiments de l'homme ce que la trempe est pour certains métaux. S'il existe dans la vie des âmes condamnées fatalement à se chercher toujours et à ne se rencontrer jamais, il en est d'autres qu'une destinée meilleure appareille dès leur première rencontre, et qui se révèlent leur fraternité dans leur première parole et dans leur premier sourire. Comme il est des fronts sur lesquels un attouchement divin imprime nativement la marque du génie, il est aussi des cœurs en qui le besoin d'aimer est une vocation ; et Scipion comme Nina étaient nés dans un pays où l'amour naît pour ainsi dire avec la vie.

Le vieux chevalier Caprana, heureux de voir sauver le dernier héritier de sa race, avait connu le don du collier à la madone, et ayant appris la valeur de ce joyau, il était venu proposer à Domenico de s'interposer pour que la fabrique restituât une offrande faite par une enfant qui ne pouvait avoir conscience de son acte. Domenico refusa, et, tout en demeurant dans les limites d'une discrétion qui lui était commandée, il donna à entendre au chevalier qu'une volonté au-dessus de la sienne lui avait interdit de revenir sur l'acte de la petite Nina.

Cette demi-confidence fut un point de départ pour les suppositions du vieux Caprana, qui sortit de chez l'organiste bien convaincu que la petite amie de son neveu n'était pas l'enfant d'un pêcheur.

Le jour où le comte Nani était venu voir sa fille, Domenico, avant qu'il se rembarquât, lui avait montré les médailles trouvées dans le coffret, et le comte avait naturellement partagé sa surprise en voyant celles où se retrouvait l'effigie de sa fille. — Il avait emporté l'un de ces médaillons, et l'avait, en arrivant à Palerme, placé dans l'endroit mystérieux où il avait caché le portrait qu'il avait déjà fait de Nina. — La possession de cette médaille lui inspira bientôt un stratagème qui lui permettrait d'avoir à toute heure sous les yeux l'image de sa fille. — Le comte Nani feignit tout à coup d'être repris par la passion des antiquités qu'il avait eue déjà, et manifesta un jour devant sa femme le désir de compléter son cabinet. La comtesse ne vit, dans ce retour, qu'une fantaisie qui pourrait distraire son mari des souvenirs d'une passion que la mort n'avait pu vaincre, et elle l'encouragea dans ses recherches. — Pendant un mois, tous les soirs, le comte rentrait chez lui apportant quelque acquisition nouvelle. — Pour donner plus d'authenticité à cette passion nouvelle, il demanda même à sa femme si elle voulait obtenir de sa mère la permission d'établir des fouilles dans une villa que possédait celle-ci, et sur laquelle on croyait qu'un temple païen avait jadis existé.

— Ton mari, dit la mère de la comtesse en lui accordant sa permission, va enterrer bien des écus dans les cendres.

— J'aime mieux qu'il remue ces cendres-là que d'autres, répondit la jalouse Palermitaine.

XI

Le hasard fut pour le comte. — Les fouilles amenèrent la découverte de quelques bronzes et de quelques monnaies, parmi lesquelles se mêla un jour la médaille trouvée par Nina, et qui rappelait ses traits avec autant de précision qu'elle-même rappelait les traits maternels. La comtesse Nani n'eut d'abord aucun soupçon, et le comte put ouvertement placer sous ses yeux l'effigie adorée, qui occupait la meilleure place dans un médailler.

Une fois son but atteint, le comte Nani renonça à son goût pour les antiquités et retomba dans sa mélancolie habituelle. La comtesse ne fut pas longtemps à s'apercevoir de ce retour vers le passé.

Une circonstance puérile vint de nouveau donner l'éveil à ses soupçons. Sous le prétexte de cataloguer son musée, le comte se retirait quotidiennement dans son cabinet, et il arriva deux ou trois fois que la comtesse l'avait trouvé enfermé.

— Il paraît, lui dit-elle une fois en plaisantant, que la rédaction de votre catalogue exige une solitude absolue? Dieu! dit-elle après avoir jeté un rapide regard autour d'elle, vous avez encore changé votre médailler de place!

— Oui, répondit le comte, et l'exposition actuelle est plus favorable pour donner du relief aux figures.

Peu de temps après, dans un de ces jours où

le souvenir revient au cœur avec plus de violence, le comte Nani fut presque surpris par sa femme au milieu d'un de ses élans de paternité solitaire. Elle entra dans son cabinet au moment où il tenait encore pressée sur ses lèvres l'image de sa fille; et à peine eut-il le temps de glisser le médaillon dans les papiers dont il encombrait son bureau, comme pour faire croire à un travail qui justifiât ses longues retraites dans cette pièce vide. Le trouble que sa présence inattendue avait causé à son mari ne put échapper à la comtesse. Avec ce merveilleux génie de dissimulation que possèdent les femmes, elle s'approcha du bureau où, pour prendre une contenance, le comte feignait de se plonger dans une lecture, et tout en entamant avec lui une conversation familière, elle fouilla d'une main en apparence distraite dans les papiers, où elle découvrit la médaille, sur laquelle brillait encore une larme tombée des yeux paternels.

Avec cette rapide intuition que donne la défiance, la comtesse comprit que les réclusions studieuses de son mari n'étaient qu'un prétexte et qu'elle venait sans doute de troubler une de ces rêveries dans lesquelles il se réfugiait pour revivre avec le passé.

Ses regards, arrêtés fixement sur cette médaille, dans laquelle elle ne vit plus qu'une relique, se reportèrent alors sur le comte, chargés d'une muette et menaçante interrogation.

— Avez-vous enfin trouvé l'origine de cette médaille? lui demanda-t-elle.

Le comte devina la nature des pensées qui devaient en ce moment agiter l'esprit de sa femme, et fit un appel mental à son imagination pour détourner ses suppositions.

— Comme cette médaille ne porte ni date ni inscription qui puisse servir de base aux recherches scientifiques, répondit-il, il m'a été pendant longtemps assez difficile de lui préciser une origine exacte dans l'antiquité. Cependant...

— Mais, dit la comtesse, c'est peut-être parce que vous cherchez trop exclusivement vos renseignements dans une époque reculée, que vous n'en trouvez point qui puissent se rapporter à cette figure. Permettez-moi, reprit-elle avec une certaine ironie, de suspecter votre érudition en pareille matière. Elle est de trop fraîche date pour être infaillible, et peut-être vous a-t-elle trompé dans cette circonstance, en vous faisant prendre pour un vestige des temps fabuleux une chose qui est d'origine beaucoup plus rapprochée.

— Ah! reprit le comte, protestant par un geste contre cette accusation d'ignorance, si peu versé qu'on soit en science numismatique, cette médaille porte un caractère qui ne permet pas de doute, et le lieu même où elle a été trouvée prouve son antiquité.

— Cela ne serait pas une preuve, interrompit la comtesse avec vivacité. Les antiquaires les plus habiles ont été souvent la dupe des contrefaçons de l'art ancien. Il se peut fort bien, par exemple, que vos ouvriers, dans le but d'encourager des fouilles chèrement payées, aient volontairement enterré quelques-uns de ces trésors apocryphes que l'on fabrique pour les vendre aux touristes venus du continent. C'est pourquoi j'imagine que cette figure, où votre amour-propre de collectionneur s'obstine à voir l'image de quelque divinité païenne, pourrait bien être vulgairement l'image d'une simple mortelle, contemporaine et catholique.

L'insistance avec laquelle la comtesse contestait l'identité du médaillon révéla à son mari la nature réelle du soupçon qui venait de naître dans son esprit. Ses dernières paroles surtout, et le geste qui les avait accompagnées, exprimaient un doute qu'il était nécessaire de combattre avant que la comtesse se fût engagée plus avant dans une voie de défiance au bout de laquelle elle pourrait rencontrer la vérité.

Il pensa qu'en lui prouvant l'authenticité de la médaille comme antiquité, il pourrait détruire, avant qu'elle se fût fixée, l'idée que cette figure était un portrait. Il reprit donc la discussion et y mêla une animation qui devait convaincre la comtesse de la sincérité de sa passion scientifique ; mais, pendant qu'il parlait, il s'aperçut que le regard de sa femme restait obstinément fixé sur la tache humide restée sur le métal.

— Est-ce que l'antiquité possédait des métaux qui avaient la propriété de la transpiration ? lui demanda-t-elle tout à coup en indiquant la médaille.

La question était embarrassante pour le comte, mais cet embarras même lui inspira spontanément un stratagème qui pouvait, mieux que toutes les explications, frapper l'esprit de la comtesse.

— Cette tache, répondit-il avec le ton d'une parfaite sécurité, est le résultat d'une expérience que je venais d'achever lorsque vous êtes entrée.

— Une expérience? dit la comtesse en relevant la tête pour observer son mari.

— Une expérience qui m'a convaincu et qui vous convaincra, si vous voulez la renouveler, de l'antiquité de cette médaille.

— Comment cela?

— En faisant des recherches à propos de quelques-unes de mes curiosités, et particulièrement à propos de ce médaillon, j'ai eu l'occasion de parcourir un traité de numismatique où se trouvait une étude sur la métallurgie ancienne.

La comtesse fit un mouvement d'impatience.

— Pardonnez-moi si je parais faire du pédantisme, mais, dans la circonstance, il est nécessaire que j'entre dans quelques détails spéciaux, lui répondit son mari, qui profita de cette interruption pour faire reprendre haleine à son imagination, car en ce moment il improvisait une fable et s'appliquait, par tous les moyens, à donner un caractère de véracité à son improvisation.

— Dans ce traité, reprit-il, j'ai lu que les anciens ont possédé des métaux inconnus à l'ère moderne, entre autres l'airain de Corinthe, qu'on attribue à la fusion de toutes les matières précieuses contenues dans cette cité lors de l'incendie qui la dévora. Parmi ces métaux dont on n'a pu retrouver la composition, il en était un qu'on ne trouve que très-rarement dans les productions de l'art antique, car il fut mis en usage seulement pendant une période restreinte de l'époque où cet art florissait. — Tout à l'heure, reprit le comte, en s'emparant de la médaille, qu'il fit évoluer comme machinalement dans l'une de ses mains, j'ai acquis la preuve que ce médaillon appartenait à cette période, puisqu'elle est fondue avec le métal qu'on employait alors.

— Et comment avez-vous reconnu cela? demanda la comtesse.

— A une particularité qui distingue ce métal, répondit le comte : il repousse l'humidité. Ainsi, lorsque tout à l'heure j'ai trempé ce médaillon dans un verre, pendant cette immersion une seule goutte a pu adhérer au métal, et si la fonte en eût été parfaite, la répulsion eût été totale. — Voulez-vous que je vous rende témoin de cette expérience? acheva-t-il en regardant sa femme; et avant que celle-ci eût répondu, il plongea le médaillon dans un vase plein d'eau qui se trouvait auprès de lui.

Le comte ne risquait pas cette opération sans avoir pris ses mesures pour la faire réussir.

— Ainsi, pendant l'explication qui avait précédé, il s'était tenu la tête appuyée dans une de ses mains, et par un geste naturel, en passant à plusieurs reprises ses doigts dans sa chevelure que lustrait une huile parfumée, il les avait imprégnés d'une moiteur grasse, qu'il communiqua ensuite au médaillon, qui s'enveloppa insensiblement d'une sorte de couche imperméable.

Quand la figure antique fut retirée du verre, comme son mari le lui avait annoncé, la comtesse n'aperçut qu'une seule goutte d'eau, formée sans doute par l'agrégation de toutes les parcelles humides qui s'étaient attachées au métal, malgré l'onction préservative qu'elle n'avait pas pu soupçonner.

Cette démonstration n'obtint cependant pas tous les résultats qu'en attendait son mari. Chez la comtesse, la sensation était au-dessus des faits, la conviction au-dessus des preuves. Dans son esprit, le soupçon avait la marche rapide de ces poisons qui envahissent tous les organes à la fois, et dont aucun antidote ne peut arrêter les progrès.

Elle ne devina point la ruse employée par le comte, mais elle persévéra dans sa défiance instinctive. La médaille resta pour ses yeux ce qu'elle était dans son imagination, — une relique, et la goutte d'eau une larme.

Au moment où le comte croyait avoir détruit les suppositions de sa femme et s'être assuré la tranquille possession du portrait de sa fille, la comtesse le bouleversa de nouveau par une demande où se révélait toute la persistance de ses doutes.

— Cette opération est fort curieuse, dit-elle

en repoussant la médaille avec négligence, mais ce n'était pas pour y assister que j'étais venue vous troubler dans vos travaux. J'ai une sollicitation à vous adresser.

Le comte fit un geste qui semblait d'avance indiquer un consentement.

— Je vous préviens qu'il s'agit d'un caprice, et d'un caprice de coquetterie encore, dit la comtesse avec un sourire.

— Chose deux fois sacrée alors, répliqua son mari en s'inclinant.

— J'ai le désir d'avoir un bracelet formé de médailles antiques. Me permettez-vous de faire un choix parmi celles auxquelles vous tenez le moins?

— Je vous demanderai au contraire la permission de diriger votre choix parmi celles auxquelles je tiens le plus, répondit le comte en ouvrant le casier où les antiquités se trouvaient rangées.

— Quoi ! dit la comtesse, vous livrez ainsi votre trésor à mon pillage sans exclusion ! et voyant qu'il lui désignait les monnaies et les médailles qui lui semblaient les plus précieuses, elle ajouta :

— Merci, comte, assez ; je ne veux pas vous dépouiller.

Si habile qu'elle fût cependant, la comtesse Nani ne pouvait pas mettre l'air de son visage en harmonie avec l'enjouement de son langage. Deux ou trois fois déjà, en réunissant les médailles destinées au bracelet, son regard s'était glissé sur le bureau où son mari avait laissé le médaillon-portrait, — précaution qui semblait l'exclure du choix qu'il laissait à la subite fantaisie de sa femme.

— S'il avait une réelle passion pour ce musée, pensait celle-ci intérieurement en regardant le comte, m'aurait-il laissée aussi indifféremment prendre parmi ces curiosités celles qui ont le plus de prix aux yeux de la science par les événements et les souvenirs auxquels elles se rattachent?

— J'ai été bien indiscrète, dit-elle tout à coup; mais, cependant, mon indiscrétion s'est arrêtée aux limites que lui assignait votre condescendance, et, quoique fille d'Ève, je n'ai pas touché au fruit défendu, ajouta-t-elle, en indiquant du doigt la médaille restée sur le bureau.

Si le comte eût été doué de l'artificieuse subtilité d'esprit que possédait sa femme, il n'eût pas attendu qu'elle lui fît cette remarque significative pour comprendre que le prétexte du bracelet n'était qu'une épreuve à laquelle elle venait de soumettre sa fidélité au passé. En lui livrant tout d'abord le médaillon dont elle suspectait l'origine, il eût peut-être ébranlé ses doutes, car cet abandon volontaire et spontané pouvait faire croire à la comtesse que ses suppositions n'étaient pas fondées, de même qu'elles devaient se trouver naturellement confirmées par la restriction qui avait écarté de son choix la seule chose dont elle eût désiré la possession.

Aussi, lorsque le comte, découvrant trop tardivement le but réel de cette manœuvre, pensa assurer sa tranquillité future en faisant à la comtesse le sacrifice du médaillon, celle-ci ne se méprit pas sur le sentiment qui lui inspirait cette concession, dont il avait perdu le bénéfice en ne sachant pas la faire à propos.

X

Les diverses péripéties de cette scène intime eurent pour résultat de réveiller avec une activité nouvelle la haine jalouse que la comtesse conservait à une rivale dont la mort semblait éterniser le souvenir. En ce moment peut-être elle regretta son crime, non pas à cause du remords qu'il avait pu lui laisser, mais à cause de son inutilité. Sa vengeance avait eu le résultat des persécutions, qui exaltent la foi des persécutés au lieu de l'amoindrir. Elle avait fait un culte durable d'une passion qui n'aurait peut-être pas survécu aux hasards de la vie, et, morte comme femme, sa victime, ressuscitée idole, vivait dans un cœur fidèle, à l'abri de toute atteinte.

Si la pensée qu'il existait un enfant né de cet amour ne vint pas d'abord à l'esprit de la comtesse, c'est qu'elle avait été, six ans auparavant, trompée par le meurtrier dont elle avait armé le bras; celui-ci, prévoyant qu'elle lui ordonnerait un nouveau meurtre, se l'était épargné en lui affirmant que l'enfant était mort deux jours avant qu'il frappât sa mere. C'était grâce à cette circonstance que le comte Nani avait pu, à cette époque, éloigner sa fille du dangereux voisinage de sa femme. Mais si la comtesse ignorait l'existence de Nina, son mari, n'étant pas certain qu'elle n'en fût pas instruite, s'entourait, pour aller à Strapezi, de précautions dont l'excès même devait un jour le trahir.

La dernière fois qu'il était allé voir sa fille sous un déguisement, il avait oublié, dans la barque des pêcheurs qui l'avaient conduit, un petit album sur lequel il dessinait des vues du pays. Le patron de la barque, supposant que le comte attachait peut-être de l'importance à un objet qui pour lui était sans valeur, le lui avait renvoyé, espérant sans doute une récompense. Le hasard voulut que l'homme qui s'était chargé de cette restitution, ne trouvant pas le comte, s'adressât à la comtesse, et celle-ci s'enquit des circonstances dans lesquelles l'objet avait été perdu. Elle ne vit d'abord rien d'étrange à ce que son mari fît des promenades en mer. Mais sa défiance s'éveilla soudain lorsqu'elle apprit, par une involontaire indiscrétion du pêcheur, que le comte faisait des promenades sous un déguisement, et que le bourg de Strapezi en était le but ordinaire. Elle se rappela surtout que son mari, qui lui désignait quelquefois les points de la côte qu'il visitait pendant ses courtes excursions, ne lui en avait jamais cité un dont le nom se rapprochât de celui qu'elle venait d'entendre.

Lorsque le comte rentra le soir, la comtesse lui remit son album, et lui dit fort naturellement :

— Le patron du *Saint-Raphaël* vous a rapporté ceci que vous aviez laissé dans son bateau la dernière fois qu'il vous a conduit à...; le nom m'échappe, ajouta-t-elle en feignant une hésitation.

— A San-Pamphilio, dit le comte, qui fut la dupe de cette absence de mémoire admirablement simulée, et dont l'unique but était de provoquer une réponse qui, selon qu'elle serait vraie ou fausse, indiquerait à la comtesse si son mari avait réellement une raison pour lui cacher le véritable nom de l'endroit où il avait dirigé sa dernière promenade.

— A San-Pamphilio, c'est cela même, dit-elle, en observant le comte pour lire sur sa physionomie la satisfaction que devait lui causer l'apparente réussite de son mensonge. — San-Pamphilio, je me rappelle, continua la comtesse ; et elle ajouta, en désignant quelques études de paysages contenues dans l'album : C'est là sans doute que vous avez dessiné ces vues ; elles donnent envie de connaître le pays. Voudrez-vous me conduire un jour à San-Pamphilio, comte ?

— Quand il vous plaira, répondit celui-ci complétement rassuré.

— Strapezi, murmura la comtesse quand elle

se trouva seule, où est ce pays? — Les informations qu'elle demanda lui apprirent que ce bourg était situé à une extrémité opposée de l'endroit que lui avait indiqué son mari, et en se rappelant les précautions discrètes qu'il prenait pour ne pas être reconnu lorsqu'il s'y rendait, elle supposa une intrigue.

Ce fut plutôt avec joie qu'avec dépit que la comtesse accueillit cette supposition. Elle ne se sentit aucun mouvement de haine contre cette nouvelle rivale qui aurait su vaincre le souvenir de l'ancienne, et elle pardonnait presque cette infidélité, en songeant que cet amour nouveau avait étouffé l'autre.

— Enfin, pensait-elle, la morte est donc bien morte cette fois, et l'oubli a fait son œuvre. Mais quelle est cette femme? Il faut que l'amour qu'elle a inspiré au comte soit bien puissant pour qu'il ait triomphé de cette invincible passion.

Cette placidité ne pouvait pas être de longue durée chez une femme vouée nativement aux dévorantes ardeurs de la jalousie. Convaincue d'une nouvelle trahison de son mari, la comtesse ne tarda pas à rêver une nouvelle vengeance. En se rappelant l'épisode du médaillon antique dont le comte s'était séparé avec un regret qui, dans la circonstance, devenait une révélation de la vérité, elle pensa que la figure qui s'y trouvait gravée devait être le portrait de sa maîtresse, et l'idée lui vint alors naturellement que cette médaille pourrait lui être utile dans les recherches qu'elle se proposait de faire pour découvrir sa rivale inconnue. Elle songea en même temps que l'homme qui, six ans auparavant, avait été l'instrument de sa première vengeance, pourrait la servir encore, et elle alla le trouver secrètement.

Peu de temps après son crime, cet homme, qui s'appelait Storetto, avait été obligé de quitter la ville. Car si l'influence de la comtesse l'avait soustrait aux poursuites, il n'en était pas moins resté désigné comme meurtrier.

Depuis six ans, Storetto habitait un coin désert de la montagne qui avoisine Palerme. Le remords l'avait suivi dans cette solitude, et le châtiment l'y avait atteint.

Chaque année, dans le mois qui ramenait l'anniversaire de son crime, il avait été frappé dans l'un des siens. Son père, sa femme, trois de ses enfants avaient péri tour à tour d'une mort accidentelle et violente. De toute sa famille, il ne lui restait plus qu'un enfant, une petite fille, dont les langes avaient été tachés par le sang du meurtre, et qui, depuis sa naissance, tremblait dans la vie comme une feuille au vent.

La comtesse reconnut à peine Storetto dans ce vieillard blanchi avant l'âge et portant le front courbé sous les cinq coups de foudre de la Providence vengeresse. Par une étrange coïncidence, chacun de ses deuils expiatoires avait été précédé d'un fait qui rappelait à Storetto le crime dont ils semblaient être les représailles. Aussi, en voyant paraître la comtesse, le meurtrier, dont l'esprit superstitieux était resté frappé par ces avertissements, vit-il dans sa présence un présage de mauvais augure pour la dernière et chétive créature que la mort lui ʼit laissée; son épouvante fut d'autant plus gra , qu'on venait d'entrer dans la dernière ser e du mois qui ramenait le sanglant anniverʼ .ire.

Surprise de la terreur que lui causait son apparition, la comtesse interrogea Storetto, et elle devina, à ses réponses, qu'elle ne devait pas compter sur lui au cas où elle aurait eu de nouveau l'intention d'en faire l'auxiliaire armé de son ressentiment.

— Rassure-toi, lui dit-elle, tu peux cette fois me servir sans troubler ta conscience : il s'agit seulement de me procurer des renseignements que je ne puis aller chercher moi-même. Tu vas partir pour Strapezi, où tu t'établiras discrètement, et parmi les femmes qui habitent ce pays, tu chercheras celle qui ressemblera à un portrait que je vais te donner. Si tu trouves cette femme, tu t'informeras de son nom, de son rang, de sa famille, et quand tu auras réussi, tu reviendras ici. — Tu sais comme je récompense, acheva la comtesse, en donnant à Storetto le médaillon qui devait le guider dans ses recherches.

— Je sais comme Dieu punit, répondit-il en repoussant la médaille par un geste de refus. Mais ses regards avaient eu le temps de s'arrêter sur l'effigie. En retrouvant dans cette image les traits de sa victime, Storetto tomba à genoux devant le berceau où dormait son dernier enfant, et s'écria en regardant tour à tour la chétive créature et le médaillon spectre :

— Grâce! Angela, grâce au moins pour ma fille! Tu sais que j'ai épargné la tienne!

La comtesse n'avait jamais vu la maîtresse de son mari, mais elle connaissait son nom. Aussi la révélation échappée au délire épouvanté du meurtrier jeta-t-elle une subite lumière dans son esprit. Toutes les incertitudes, toutes les suppositions vagues disparurent pour faire place à la vérité si hasardeusement découverte.

— Tu m'as trompé, Storetto, dit gravement la comtesse; mais je te pardonne. Ah! murmura-t-elle, comme emportée par la violence des tumultueux sentiments qui l'agitaient, il a une fille... un être vivant dans l'existence duquel il a réfugié toute sa vie; un enfant qui est l'image de sa mère, dont voici le portrait! acheva-t-elle en reprenant le médaillon. Je sais où le frapper maintenant!

. . . .
. . . .

HENRY MURGER.

Ici s'arrêtait le manuscrit d'Henry Murger. Il avait parlé d'une seconde partie qu'on a vainement cherchée dans ses papiers.

S'il nous était permis de continuer l'œuvre inachevée, nous pourrions peut-être suivre les scènes dramatiques ou riantes de l'imagination du romancier. Il n'est pas douteux que la comtesse Nani n'ait réussi à décider Storetto à frapper encore avec elle. Elle lui aura dit : « Ta fille va mourir, je la sauverai, mais tu arracheras Nina à son père. » On voit d'ici une belle scène de démon à démon : c'est la femme qui l'emporte, Storetto confie sa fille à la comtesse, et enlève Nina. Le voyez-vous d'ici, fuyant vers Naples, et allant se cacher avec sa proie parmi les lazzaroni !

Quelle jolie page Murger aurait écrite pour raconter le désespoir de Nina et de Scipion, ces amoureux avant l'amour qui devaient se retrouver plus tard.

A Naples, cependant, Nina, qui est née musicienne, est confiée à quelque joueur de violon des rues, et, comme Mignon, elle pleure le pays natal. Mais elle est trop jolie pour rester dans le ruisseau ; le hasard, qui arrange tout dans la vie comme dans les romans, la conduit à la porte d'un maître de chapelle qui la conduit au théâtre.

Cependant elle pleure toujours ; elle mourra si elle ne revoit Palerme. Son maître entreprend la traversée ; mais à Palerme elle ne retrouve ni le comte Nani, ni Scipion, ni Domenico. Elle se console dans l'art, qui console de out.

C'est au théâtre de Palerme que la jeune fille débute sous le nom de Costenzina. Ce nom-là n'empêche pas Scipion de la reconnaître : les amoureux d'autrefois deviennent des amants. Qui dira toutes les joies de la maîtresse et de la cantatrice? Les spectateurs l'acclament tous les soirs; mais que lui importeraient les couronnes qu'on lui jette, si Scipion n'était dans la coulisse pour les ramasser?

Les joies de l'amour sont des fêtes sans lendemain; le lendemain de l'amour, c'est la trahison, c'est la jalousie, c'est le désespoir. Scipion est trop aimé, aussi il se jette dans les bras d'une Parisienne que vous connaissez déjà, madame de Villerey. Les Parisiennes n'aiment pas tant à la fois.

Madame de Villerey entraîne Scipion à Paris; la Costenzina ne chantera plus à Palerme. Mais chantera-t-elle encore? Son cœur brise sa voix.

Si les femmes ne meurent pas quand elles souffrent, c'est qu'elles veulent se venger. La Costenzina se vengera noblement. Elle aussi, elle ira à Paris, et elle y chantera si bien, et elle y sera si belle, que tout Paris, même Scipion, la saluera avec enthousiasme.

Est-ce que le bonheur a ses retours? Scipion court se jeter à ses pieds, mais il y a une vengeance qui veille toujours. La comtesse Nani est à Paris; elle a été la mauvaise fée aux triomphes de la Costenzina. Elle n'a plus là sous la main Storetto, mais elle a mieux encore, elle a la fille de Storetto, Lucrezia : toutes les roueries qui se cachent sous le masque de l'ingénue. La maladive enfant est devenue la comédienne la plus pervertie qui soit au théâtre.

Le vrai roman commence ici. Comment la comtesse Nani va-t-elle frapper la Costenzina? Entre la cantatrice et Scipion, elle jettera Lucrezia, c'est-à-dire de la comédie entre la passion et la poésie. Et quelle source d'épisodes dramatiques, légers, étranges, passionnés, terribles; contiendra cette comédie de l'amour jouée par Lucrezia la Sicilienne!

Mais la baronne de Villerey, elle aussi, a sa vengeance à faire tomber sur la Costenzina : — la cantatrice n'a-t-elle pas triomphé de la baronne? Voyez la grande dame dédaigneuse des actrices se liguant avec l'ingénue pour perdre la Costenzina, l'une dans le monde du théâtre, l'autre sur le théâtre du monde. Elles ont de si bonnes dents, ces rivales, que le cœur et la gloire de la Costenzina sont déchirés par elles, arrachés, dispersés à tous les souffles de la calomnie. C'est alors que le docteur, le misanthrope de l'amour et de l'art, versera sur le cœur saignant de la cantatrice tous les dictames de l'amitié et de l'admiration.

Mais Nina, l'amoureuse Nina, ne peut se consoler de l'amour perdu de Scipion par l'amitié du docteur : l'Italienne a toujours cette fièvre de la passion qui cherche le mouvement et le triomphe. Elle ira à Londres, elle ira amortir là toutes ses impatiences, elle y cachera toutes ses larmes, elle vengera toutes ses défaites dans ce monde inconnu d'outre-Manche, où tout lui paraît froid, calme, digne, solennel comme un immense tombeau. « J'enterrerai là toutes mes passions, sous un double suaire de brouillard et de *respectability*, » disait-elle au docteur.

A Amiens, le choléra foudroie Caniche : Caniche, un type parisien, une bonne et franche figure que tout le monde aime et que tout le monde rudoie.

Le docteur, qui veut sauver Costenzina et qui l'a suivie, sauve Caniche. Caniche saura plus tard aider le docteur à sauver Costenzina de son désespoir.

Cependant, à Paris, la baronne de Villerey et Lucrezia l'ingénue se disputent l'amour du faible Scipion. Voilà la vraie comédie de l'amour et de la passion parisienne ! Scipion rêve à Nina et se rappelle les rochers de Palerme. Mais Scipion rêve tout bas en mentant tout haut, tantôt dans les bras de la baronne, dont il aime le titre et les salons, tantôt dans les bras de Lucrezia, de la célèbre Lucrezia dont tout Paris est amoureux.

Cette figure de Lucrezia aurait été, sous la plume de Murger, la figure d'ingénue la plus insaisissable, la plus brillante, la plus fantasque, la plus fausse, — parce qu'elle aurait été la plus vraie.

Il la connaissait bien, cette ingénue. Déjà il avait tracé quelques traits de cette physionomie qui avait donné le titre à son dernier livre[1]. C'est d'elle qu'il parlait, quand il racontait qu'un étranger venu à Paris depuis peu, et ayant à visiter un de ses parents détenu pour dettes, demandait le plus court chemin pour aller à Clichy.

— Prenez par mademoiselle Lucrezia, lui fut-il répondu.

Cette ingénue, que Murger nous eût montrée jouant la comédie avec plus d'un Scipion de Caprara, est celle à qui les gardes du commerce ont envoyé, dans les *Propos de théâtre*, un bracelet avec cette inscription

A MADEMOISELLE LUCREZIA,

Les gardes du commerce reconnaissants.

Henry Murger, qui sans doute s'était étonné

---

1. Ce titre, d'ailleurs, déjà indiqué par Balzac, avait été pris avant Murger par M. Louis Ulbach, pour un joli conte des

lui-même d'avoir tenté le drame à la Dumas, se retrouvait ici dans son monde familier. Ne voyez-vous pas se dérouler des scènes charmantes de passion, de comédie et d'imprévu ?

La mort, qui est la grande imprévue, a éteint cette belle imagination qui nous promettait tant de livres encore. Mais, après tout, Henry Murger n'était pas de ceux qui entassent Pélion sur Ossa pour atteindre à la Renommée. « Je n'ai fait qu'un livre, » disait-il. Combien qui écriront toute leur vie sans pouvoir en dire autant !

ARSÈNE HOUSSAYE.

Roués sans le savoir. M. Théophile Gautier lui-même n'a-t-i pas publié *les Roués innocents ?*

LA SCÈNE DU GOUVERNEUR

I

SOUVENIRS DE JEUNESSE

J'ai connu autrefois deux amis que j'appellerai Théodore et Léon. Tous deux n'avaient guère plus de vingt ans, et cependant ils étaient jeunes. — La jeunesse était encore à la mode dans ce temps-là.

Mes deux amis, qui logeaient ensemble, avaient mis en commun un mobilier qui semblait avoir été choisi parmi les débris d'un tremblement de terre. L'huissier le plus farouche à la saisie aurait reculé en le voyant. Ce n'était que tables à demi boiteuses, fauteuils invalides, criant comme des blessés dont on heurte le membre amputé, lorsqu'on s'asseyait dessus.

Le piano brèche-notes jetait des soupirs de moribond. Pareille à la fameuse pendule, dans *le Chapeau de l'horloger*, le coucou sonnait des heures folles. Le baromètre avait des variations atmosphériques qui présageaient les plus grands cataclysmes. La boussole de voyage tournait obstinément son aiguille ahurie vers le midi, et le seul roulement d'une voiture un peu lourdement chargée sur le pavé de la rue suffisait pour mettre tout le ménage en danse.

Le seul objet qui fût en bon état était un coffre-fort, un vrai coffre-fort, construit de manière à défier la ruse arabe des quarante compagnons d'Ali-Baba ou l'adresse d'un caissier moderne. — Ce splendide écrin à millions, ouvragé comme une serrurerie de Quentin Metzys, servait de pot à tabac. Et il y avait des jours où il était inutile.

Cependant, sur ces mauvaises tables étrangères aux lois de l'équilibre, on travaillait bien, et on dormait mieux dans ces deux petites couchettes jumelles, garnies chacune d'un matelas mince et dur comme une galette bretonne.

Le logement était situé sur le carré des anges, un peu au-dessus du sixième. Mais on jouissait d'une admirable vue. D'un côté, sur le devant, on apercevait le Luxembourg, et de l'autre, sur le derrière, l'œil plongeait sur une suite de jardins presque en friche.

Pendant l'été, la pièce la plus habitée était un vaste balcon abrité par une tente. Comme les locataires du lieu n'avaient rien à cacher à la curiosité du voisinage, c'était ordinairement dans ce salon extérieur qu'ils recevaient leurs visites. Ils y donnèrent même un soir une fête vénitienne qui fit un bruit dans le quartier, et que le commissaire de police voulut bien honorer de sa présence.

De même qu'ils avaient fait pour leurs meubles, les deux camarades avaient associé leurs ressources financières pour se constituer un budget. Le chiffre de leur rente mensuelle aurait fait sourire de pitié un commis de nouveautés, car au prix où est coté le plaisir moderne, cette somme aurait suffi à peine à défrayer la coûteuse dépense d'un seul de ses dimanches.

Pour ne pas se laisser entraîner aux tentations que font naître certaines abstinences, Léon et Théodore mettaient en œuvre un ingénieux moyen qu'ils avaient vu pratiquer par un poëte de leurs amis, — lequel se baignait plus souvent dans l'Eurotas que dans le Pactole.

Voici quel était ce moyen, qu'on peut recommander aux jeunes gens qui sont à la fois douillets, paresseux et prodigues.

Lorsque Léon et Théodore recevaient leur petite rente, si on la leur donnait en or, ils commençaient par la changer en écus; puis, après avoir changé les écus en monnaie blanche, la plus menue qu'ils pouvaient trouver, ils dispersaient la somme au milieu d'un fagot épineux. Cette précaution rendait la recherche de l'argent si fatigante et même si douloureuse, que lorsqu'ils se sentaient tourmentés par quelque velléité prodigue, ils y regardaient volontiers à deux fois, comme un ivrogne qui se résigne à la sobriété pour s'éviter la peine de descendre à sa cave.

Grâce à ce système économique, il leur arrivait quelquefois de n'arriver au fond de leurs fonds que vers la seconde quinzaine du mois.

Le jour où ils recevaient leur argent, avant de l'encaisser dans leur coffre-fort à serrure d'épines, ils avaient l'habitude de prélever tout d'abord une somme dont une moitié était destinée à la nourriture de l'esprit et l'autre à celle du cœur. La première s'appliquait à l'acquisition de trois ou quatre volumes des poëtes et des écrivains modernes. La seconde était réservée à une promenade amoureuse faite le premier dimanche de chaque mois dans les bois de Sceaux ou de Meudon, en compagnie de deux chapeaux roses, qui étaient l'œuvre même de celles qui s'en paraient. Œuvre soignée s'il en fut, moins cependant que deux couronnes entremêlées de fleurs de pommier et d'oranger, couronnes tressées avec amour pour la journée qui devait voir les deux couples se rendre à la mairie et à l'église.

L'un de ces chapeaux, celui dont Léon s'était coiffé, comme il le disait lui-même, s'appelait Laurence; l'autre répondait au nom d'Aline et régnait sur le cœur de Théodore avec une tyrannie que celui-ci trouvait tolérable.

Aline et Laurence étaient cousines, et toutes deux d'une beauté et d'un caractère différents.

L'une était brune, capricieuse, volontaire et bruyante. Ignorant tout ce que l'instruction peut apprendre, elle savait, en revanche, tout ce que l'instinct devine, car, si elle n'avait été qu'à l'école de la nature, elle y avait remporté tous les prix. C'était Aline.

L'autre était blonde, douce, soumise, et parlait avec une voix plaintive comme un soupir de roseau. Elle avait un joli pied qu'elle montrait volontiers et qui était légèrement chaussé d'azur. Aussi, dans le magasin où elle tenait les livres, lui reprochait-on quelquefois de faire des additions en vers. Ses sympathies les plus vives se partageaient entre lord Byron et la galette. Elle aimait également le rossignol dans les bois, mais elle l'eût adoré dans une assiette et truffé. C'était Laurence. Le seul point sur lequel les deux cousines se ressemblaient, c'était dans leur âge : toutes les deux vingt ans.

Vingt ans sur le visage, vingt ans dans le cœur, vingt ans partout.

Comment les deux amis avaient connu les deux cousines? C'était par un de ces hasards qui peuvent quelquefois devenir une fatalité.

Leur liaison durait depuis environ un trimestre, et sans savoir positivement quelle était la véritable nature du sentiment qui l'avait fait naître. Ils s'y abandonnaient sans le troubler par l'analyse; ainsi le buveur franc et prudent se garde de remuer le flacon dans lequel il puise un bon vin dont il aime l'ivresse.

Aline et Laurence travaillaient dans un magasin du quartier et occupaient chacune un petit logement coquet situé dans une maison voisine de celle habitée par les deux amis. De leur balcon, les jeunes gens pouvaient, à travers les jardins qui s'étendaient entre les deux maisons, apercevoir les fenêtres des deux demoiselles. Mais la distance était cependant assez éloignée pour que l'inquisition de l'intérieur ne leur fût pas permise.

Un jour Théodore avait émis devant son ami

la proposition d'acheter une lorgnette marine.

— Pour quel usage? demanda Léon.

— Mais, dit Théodore, sur notre balcon, nous sommes admirablement bien placés pour suivre le cours des astres. Ces messieurs de l'Observatoire, qui sont nos voisins, annoncent prochainement une éclipse de lune. Ce sera pour nous une occasion. D'ailleurs, la lorgnette, qui est fort belle, ne coûte que vingt francs. — Votes-tu les fonds?

— Mon ami, répondit gravement Léon, ta passion pour l'astronomie n'est que de l'espionnage déguisé. Tu veux savoir ce que font nos voisines quand elles sont chez elles. C'est de la curiosité maladroite, et l'acquisition d'une lorgnette qui nous prouverait que nos astres ont des taches me paraît être une dépense inutile. Si nos maîtresses doivent nous tromper, nous n'avons pas besoin d'instruments de précision dour nous en apercevoir. Je refuse le subside.

Théodore parut abandonner son idée.

Cependant, huit jours après, comme il buvait de la bière devant un café du boulevard, il fut abordé par un juif alsacien qui vendait des chaînes de sûreté, des cannes prohibées, des plans de Paris et des chiens courants. Cet homme tira de sa poche une lorgnette de théâtre qu'il offrit à Théodore.

— On les vend quatre-vingts francs partout, lui dit-il; mais je vous la laisserai pour quarante.

Théodore pensa se débarrasser de l'Israélite en lui proposant un prix ridicule.

— Je vous donne cinquante sous, dit-il en rendant la lorgnette.

— Prenez-la, fit l'Alsacien.

11.

Rentré au logis, Théodore voulut justifier son acquisition en en vantant le bon marché.

— Tu n'es jamais volé que de moitié, lui répondit Léon en lui rendant la lorgnette, dont les verres troublaient la vue au lieu de la rendre perçante.

Quelques jours plus tard, mademoiselle Aline, qui faisait des fouilles scientifiques dans les tiroirs de Théodore pour y trouver un morceau de sucre, y découvrit la lorgnette; mais comme elle voulait l'essayer en regardant si elle verrait l'heure au palais du Luxembourg, elle laissa, fort adroitement, tomber maladroitement la lorgnette dans la rue. Quand on releva la jumelle, elle était morte, — ainsi qu'on terminait jadis les chapitres des romans à suicide.

Le 1ᵉʳ juillet 1845, Théodore, qui était fort matinal ce jour-là, se présentait comme d'habitude chez le correspondant par les mains duquel il recevait la pension paternelle. Son correspondant lui fit un accueil d'une cordialité douteuse, et lui expliqua qu'ayant eu avec son père quelques difficultés commerciales, qui avaient amené entre eux une rupture de relations, il croyait devoir s'abstenir de lui servir désormais sa petite rente.

Théodore n'insista pas, — il salua et sortit.

— Heureusement, pensa-t-il, que Léon va toucher son mois. Cela nous permettra d'attendre.

A peu près à la même heure, Léon éprouvait un échec semblable. La personne chez laquelle il exerçait assez vaguement les fonctions de secrétaire était alors en voyage à l'étranger, et, pendant son absence, Léon devait recevoir ses appointements chez son homme d'affaires.

— Mais, mon cher monsieur, dit celui-ci à Léon quand il se présenta, d'après le compte que m'a laissé M. ***, je vous trouve en avance de quelques petites sommes qui forment le total d'un mois de vos appointements. Donc, il ne vous est rien dû de ce mois-ci. Revenez le mois prochain, votre argent sera prêt. — Serviteur.

— Heureusement que Théodore a reçu son mois, se dit en lui-même Léon quand il fut dans la rue.

Lorsque les deux amis se retrouvèrent et s'aprirent leur commune mésaventure, ils restèrent un moment assez penauds.

— Diable, fit Théodore, d'ici que mon père m'ait répondu, il se passera peut-être une semaine, et pendant ce temps-là nous allons faire une rude concurrence à Job.

— Ce qui me désole particulièrement, c'est que nous ne pourrons pas faire la petite fête, murmura Léon.

Cette petite fête, c'était la fameuse promenade qu'on faisait en quatuor le premier dimanche de chaque mois. Une somme de vingt francs était mensuellement votée pour cette prodigalité. Oui, dans ce temps-là, avec quatre honnêtes pièces de cent sous, deux braves garçons et deux jeunes filles pouvaient se divertir pendant toute une journée, d'un *Angelus* à l'autre, sans jalouser un seul moment les louis et les doubles louis des couples d'oisifs élégants qui vont le dimanche à la campagne pour essayer d'y faire respirer leur ennui.

C'était quelquefois même l'or aristocratique qui se montrait envieux du gai carillon que faisaient ces écus plébéiens, en sautant hors des poches de ces amoureux de l'amour, ivres de plein vent et tumultueux comme une volée d'écoliers qui font du bruit pour ne pas entendre l'heure de la classe.

Il est vrai que dans ce temps-là l'amour était un plaisir et que le plaisir n'était pas seulement la satisfaction d'une vanité. Mais depuis, il est né du spleen britannique avec la cote de la Bourse une génération qui a découvert un vaccin contre la gaieté. C'est à elle que nous devons cette race de jeunes gens tristes et froids comme un brouillard de la Toussaint, et dont la veine appauvrie ne roule pas le fer qui fait le sang généreux. En arrivant au monde ils se sont heurtés la poitrine à l'angle le plus aigu de l'égoïsme. Ils n'aiment pas la vertu, qu'ils ignorent, et ils ne peuvent pratiquer le vice qu'en le rapetissant. Grossiers comme les valets de leur écurie, ils ne savent pas ramasser le gant d'une femme, et ils ne savent pas toujours relever celui d'un homme. Inutiles quand ils ne sont pas malfaisants, Barême est leur poëte, Comus, le dieu-porc, est leur dieu, et lorsque la nature indignée se réveille et leur souffle un élan passager d'enthousiasme ou d'admiration pour quelque chose de grand, de bon ou de beau, ils se croient malades et se font poser des sangsues.

C'est cette jeunesse pétrifiée qui a enseveli dans le luxe et dans l'oisiveté la race aujourd'hui perdue de ces belles jeunes filles insoucieuses et laborieuses qui travaillaient si gaiement toute la semaine avec l'espoir d'aller, le matin du dimanche, baigner leurs doigts, endoloris par l'aiguille, dans la rosée d'une touffe de violettes. Leur cœur était certainement moins fortifié qu'une citadelle, leur bonnet changeait souvent la couleur de ses pompons, mais elles n'étaient pas maussades et ne boudaient pas, ni après une querelle, ni devant une averse, ni en face d'un souper frugal où le dessert servait de rôti. Elles parlaient un langage qui n'était pas celui des cours, mais qui n'était pas non plus celui des tripots ou des bouges. On pouvait les saluer, elles savaient vous répondre et ne paraissaient pas surprises qu'on fût poli avec elles. Elles chantaient faux quelquefois, mais elles aimaient souvent juste, et à quelque moment qu'on fouillât dans leur poche on était sûr d'y trouver un dé, un morceau de sucre, quelquefois un chapelet, toujours un billet doux, mais jamais un billet de banque. Que l'on fouille dans la poche des femmes qui les ont remplacées, on ne trouvera plus que le billet de banque, le seul billet doux que sache écrire la jeunesse moderne.

Ah! pauvre fille! ils l'ont jeté et brisé sur le pavé, ton pot de giroflées dont l'odeur enivrait tout ton voisinage; ils l'ont éteinte aussi, cette petite lumière qui brillait le soir au carreau de ta mansarde.

Elle était cependant la joie du jeune ouvrier, — la joie de l'étudiant penché sur son livre, la joie du pauvre artiste, — la joie du poëte et sa poésie peut-être. — Elle était l'étoile du berger des amours populaires : ils l'ont éteinte, et maintenant il ne reste plus d'allumé dans le faubourg que la rouge lanterne de la débauche. Ah! pauvre fille, ces misérables, ils t'ont glacée à leur contact, ils t'ont donné tous les vices de l'oisiveté, ils t'ont étouffé le cœur dans leur mains rudes comme on étouffe le chant d'un petit oiseau; ils t'ont condamnée à la lourde et pénible tâche de les divertir. — Mais comme tu te venges d'eux, plébéienne déchue de ta pauvreté si aimable! comme tu les maltraites souvent, — comme tu les méprises toujours, comme tu les déshonores quelquefois! Du balcon de ton entre-sol, où ils apportent l'odeur du fumier et du cigare, — comme tu as du plaisir à leur cracher sur la tête — et comme tu as raison!

II

Comme Théodore et Léon se désolaient que la partie du dimanche prochain se trouvât compromise par le manque d'argent, ils reçurent la visite d'un jeune auteur dramatique de leurs amis qui faisait alors *florès* sur un petit théâtre du voisinage fréquenté par les étudiants. — On ne lui donnait pas de primes, mais on lui payait quelquefois un mélodrame en cinq actes jusqu'à cent francs, et il n'était pas obligé de fournir les décors. A la cinquantième représentation de l'ouvrage, le directeur l'invitait à déjeuner, et à dîner à la centième; son ambition était alors d'obtenir un succès qui le conduisît jusqu'au souper. — Aujourd'hui, il ne s'appelle plus Léopold, et s'il exigeait l'engagement de Talma pour créer un de ses rôles, aucun directeur n'oserait le refuser positivement.

— Mes enfants, dit-il aux deux amis, lorsque ceux-ci lui eurent appris leur embarras, — personnellement, je ne puis rien pour vous; — mais indirectement je puis quelque chose. Voici. Je fais la pluie et le beau temps auprès de mon directeur, — c'est-à-dire non, — si je faisais la pluie à volonté, il me payerait cent sous de plus par acte pour que je fasse pleuvoir tous les jours. — Enfin, ma parole a du poids auprès de lui. Voici ce que je vous propose : — il donne dans quinze jours une représentation à bénéfice, — au sien, — et il voudrait utiliser une superbe décoration représentant le château de Windsor, qu'un jeune peintre du quartier lui a peinte pour avoir ses entrées. Malheureusement aucun des ouvrages de son répertoire ne peut entrer dans son décor. — Faites-lui un vaudeville en un acte, qui motive, même à peu près, — la présence du château de Windsor sur la scène, — et je m'engage à vous le faire payer au moins quarante francs. — Voilà.

— Mais, dit Léon, c'est dans trois jours que nous avons besoin d'argent.

— Et bien, fit Léopold, trois jours pour écrire un acte, et vous serez deux; ce n'est pas assez! Combien donc mettriez-vous de temps pour faire le tour du monde, alors?

— Mais, continua Léon, pour faire une pièce, il faut une idée, et dans un vaudeville il faut des couplets. Je ne sais pas les faire, Théodore non plus.

— C'est pourtant bien simple. Un couplet se compose ordinairement de huit vers. Dans les sept premiers, naturellement ou par effort tu tâches de ne rien dire; au dernier vers tu fais un nouvel effort et tu dis une sottise. On la remarque, c'est ce qu'on appelle le trait, tu le fais répéter, et voilà ton couplet. D'ailleurs, que cela ne t'embarrasse pas; tu trouveras au théâtre un copiste qui te fera de délicieux couplets, entrées et chœurs de sorties à raison de deux francs la douzaine; pour trois francs il garantit les bis, seulement il faut lui fournir les rimes. — Eh bien, mes enfants, est-ce convenu? acheva Léopold.

— Pour moi, dit Théodore, j'avoue que j'ai peur de mettre mon nom sur cette affiche-là.

— Ne crains rien, répondit Léopold, ton nom n'est pas encore si flambant qu'il puisse y mettre le feu.

Théodore et Léon se décidèrent à suivre le conseil de leur camarade, qui les emmena dîner dans un petit restaurant anglais, où le propriétaire, une célébrité excentrique, avait l'habitude de répondre aux clients qui lui demandaient des serviettes :

— Vous mangez donc bien malproprement.

Pendant le dîner, Léopold prodigua à ses deux amis les conseils de son expérience dramatique. Et comme Léon en revenait toujours à son *idée*, que pour faire une pièce il fallait une *idée*, Léopold développa sa théorie en matière dramatique.

— Mes chers enfants, leur dit-il, la nature, la vie, nous enveloppent d'idées, il ne s'agit que de regarder autour de soi. Tenez, par exemple, ce monsieur qui échange des notes diplomatiques avec le comptoir, — c'est une idée. On en a fait *le Quart d'heure de Rabelais* et *le Gastronome dans l'embarras*. — Cet autre monsieur, qui rôde comme une âme en peine autour de cette table, et qui ne dînera pas parce qu'un étranger lui a pris sa place, c'est une idée, — c'est un maniaque. — On a fait *le Maniaque*, on a dû le faire; si on ne l'a pas fait, je le ferai. Cette petite fille, aux pâles couleurs, qui tient les livres, et qui se trompe dans les additions, en regardant ce jeune employé de ministère qui la mange des yeux pour manger du dessert, c'est encore une idée; elle est vieille, comme tout ce qui nous reste de jeune, — c'est l'idée de l'amour. — Eh bien, supposez qu'il entre ici un monsieur qui verra ces deux enfants-là, et qui les regardera en buvant un grog ; s'il sait bien les voir, il vous fera Roméo et Juliette, — seulement il faudra qu'il s'appelle Shakspeare. — Les idées, on ne les cherche pas, on les trouve. Garçon, un paquet de tabac ! interrompit Léopold ; et comme il avait jeté les yeux sur le morceau de papier qui enveloppait le tabac qu'on lui avait apporté :

— Qu'est-ce que je vous disais ? reprit-il, en voilà une idée. Et il leur montra une page d'un livre de chroniques anglaises, où se trouvait le récit d'une anecdote dont le théâtre pouvait s'emparer. — Prenez ça, mes enfants, leur dit-il ; Shakspeare déjà nommé en aurait fait peut-être un de ces chefs-d'œuvre qui verront la fin du monde. Tâchez d'en faire un vaudeville qui verra la fin de la soirée. Vous pouvez avoir fini dans deux jours, et songez que

12

vous ne travaillez pas cette fois pour la postérité. Tout est payé; adieu. Moi, je vais de ce pas rendre visite à une dame qui me fait beaucoup de chagrin; quand je serai majeur, je le rendrai aux autres. Tenez, en voilà encore une idée; celle-là, je la garde. Bonsoir.

— Il n'a pas eu l'idée de nous prêter un peu d'argent pour attendre que nous ayons reçu celui que doit nous rapporter notre pièce! dit Théodore.

— Tu te trompes, répliqua sérieusement Léon; mais Léopold a la bonté timide, il craint d'embarrasser ceux qu'il oblige. Avant de sortir de chez nous, et pendant que nous nous habillions, je l'ai vu se baisser et glisser dix francs dans notre fagot, et comme l'argent a fait un peu de bruit, il est devenu tout rouge.

Deux jours après, les deux amis, assis devant

une table sur leur balcon, relisaient une dernière fois leur pièce, qu'ils devaient le soir même lire à Léopold. Une discussion s'engagea pendant cette lecture à propos du choix d'un dénoûment, car ils avaient chacun le leur, et dans leur animation mutuelle ils ne s'aperçurent pas qu'un feuillet de leur manuscrit avait glissé de leur table, emporté par la première brise d'un orage qui s'approchait. La feuille de papier, qui était d'abord tombée dans un jardin du voisinage, fut reprise par le vent, qui l'enleva dans l'air et la jeta dans la chambre de mademoiselle Aline, dont la fenêtre était ouverte.

Pendant ce temps, la discussion continuait toujours entre les deux collaborateurs. L'un d'eux, voulant prouver que son dénoûment était le meilleur, se mit à chercher dans le manuscrit le passage qui, disait-il, le préparait logiquement.

— Allons, bon ! dit Théodore avec impatience, voilà que je ne trouve plus la *scène du gouverneur*.

— Elle est pourtant facile à reconnaître, reprit Léon fouillant de son côté dans les papiers dispersés sur la table, elle est assez mauvaise.

Les recherches ayant continué sans résultat, la discussion prit peu à peu l'allure d'une querelle. Les deux collaborateurs se reprochèrent mutuellement leur manque d'ordre réciproque.

— C'est toi qui auras égaré la scène du gouverneur, disait Théodore à Léon. Si c'était la scène de l'ingénue, qui est complétement de toi, elle ne serait pas perdue. Mais tu es un égoïste, tu n'as de soin que pour les choses qui t'appartiennent; avant-hier tu m'as encore dépareillé ma douzaine de mouchoirs.

— Il y avait onze raisons pour que je ne pusse pas dépareiller la mienne, répondit tranquillement Léon; mais si je t'ai perdu un mouchoir, toi, tu m'as égaré un parapluie que je t'avais confié. Caïn, qu'as-tu fait de mon parapluie?

— Pourquoi aurait-on un parapluie, répondit Théodore, si ce n'était pas pour le perdre?

Léon parut convaincu par cette logique.

— Il n'est pas moins vrai, reprit-il, que tu es d'une étourderie inqualifiable. Tu as d'abord la déplorable manie d'allumer ta pipe avec tous les papiers qui te tombent sous la main. Si nous avions l'imprudence d'avoir des billets de banque, je suis convaincu que tu en ferais des usages puérils. Tu auras brûlé la scène du gouverneur, et comme elle se passe dans le château de Windsor, si ce domaine n'est pas assuré, voilà une perte pour la reine Victoria.

— Des bêtises, reprit Théodore, des plaisanteries de Gilles. Tu n'aimais pas la scène du gouverneur, qui est de moi, parce qu'elle escompte l'effet de la scène de l'ingénue, qui est de toi.

— C'est-à-dire que tu suspectes la probité de ma collaboration, dit Léon.

Comme la discussion allait recommencer, la porte s'ouvrit, et Léopold entra.

— Mes enfants, dit-il, vous êtes attendus ce soir dans le cabinet de mon directeur pour lui lire votre ouvrage. Il est si content que vous lui fournissiez l'occasion de mettre sa décoration nouvelle en lumière, qu'il se propose d'arroser la lecture avec une canette. S'il en retenait le prix sur celui de votre ouvrage, vous ne ferez pas attention. Vous allez me lire ça, acheva-t-il en montrant le manuscrit.

— Impossible, dit Théodore, Léon a perdu la scène du gouverneur. C'est le nœud de l'action.

— Bah, fit Léopold, lis toujours, quand tu seras arrivé à la scène égarée, tu me la raconteras en trois mots, pour que je saisisse l'ensemble.

— Eh bien, et le style? dit gravement Théodore.

— Tu veux me faire croire que tu as fait du style dans une pièce écrite en deux jours; tu veux dire que tu as fait des phrases. N'en fais plus, et lis-moi ton chef-d'œuvre. Au rideau.

Théodore commença la lecture, et raconta la scène qui manquait. Quand il eut achevé, Léon réclama à son tour pour que Léopold entendît son dénoûment. Ce fut celui dont l'auteur dramatique conseilla le choix.

— Mes enfants, dit-il, votre pièce appartient à ce genre de chefs-d'œuvre qui ne doivent pas se prolonger plus de vingt minutes. Entre autres longueurs dont il faut la dégager, je vous signale particulièrement la scène que vous avez égarée. Quelles que soient les beautés de style dont elle peut être ornée, elles ne sauraient atteindre à la hauteur de son inutilité. Le hasard qui vous l'a fait perdre a fait là une intelligente coupure.

— Comment, fit Théodore atterré, couper la scène du gouverneur !

— Oui, la raison, le bon goût et le sens commun réclament la destitution de ce fonctionnaire, répliqua Léopold. Allons, en route;

mon directeur nous attend à six heures. Vous aurez soin de manifester un peu d'émotion en paraissant devant lui.

Lorsque Théodore et Léon sortirent le soir du théâtre, ils emportaient deux louis enveloppés dans leur premier bulletin de répétition. Léopold avait refusé pour le moment la restitution de la petite somme qu'il avait prêtée la veille. Avant de rentrer chez eux, ils montèrent chez mesdemoiselles Aline et Laurence pour les prévenir de se tenir prêtes le lendemain, qui était le jour de la fameuse partie. Laurence n'était pas rentrée, mais son amie donna la clef de sa chambre à Léon pour qu'il pût l'attendre. Lorsqu'il eut allumé la bougie, il trouva sur le marbre de la commode une feuille de papier dont l'écriture attira son regard; c'était la fameuse scène du gouverneur, tant regrettée par son ami et collaborateur. En la voyant froissée, il supposa d'abord que c'était Laurence qui avait par étourderie pris le feuillet pour envelopper quelque friandise. Mais les lignes suivantes, au crayon, et d'une écriture inconnue, qu'il aperçut sur le verso de la page, vinrent démentir sa supposition.

« Ma chère enfant, disait le crayon étranger,
» j'étais venu vous attendre aujourd'hui pour
» avoir avec vous une explication. Je vous l'ai
» déjà dit, je vous le répète, il m'est désagréable
» de ne pas vous voir quand je le souhaite, et
» c'est votre travail qui s'y oppose. Il m'est dés-
» agréable aussi d'être obligé de venir dans ce
» quartier perdu, et de monter vos six étages.
» Si mes amis me rencontraient par ici, ils me
» prendraient pour un étudiant. Donc, il faut
» vous décider à quitter votre magasin. Ne pou-

» vant pas vous attendre plus longtemps, je
» profite d'une feuille de papier que le vent de
» l'orage a apportée par votre fenêtre, pour
» vous faire savoir quel est mon désir. Au cas
» où il ne pourrait vous agréer, j'aurais le cha-
» grin d'avoir à vous regretter. Si vous accep-
» tez mes propositions, vous n'aurez qu'à me
» renvoyer ce soir même la double clef que
» vous m'aviez confiée et que je vous ai laissée.
» Je ne pourrai attendre votre réponse plus
» longtemps, car je pars demain pour Bade, où
» je compte vous emmener, s'il vous plaît de
» me faire les faciles concessions que je vous
» demande, et auxquelles tant d'autres seraient
» heureuses de consentir.

» Au revoir, belle enfant; mais n'oubliez pas
» que votre silence voudrait dire adieu.

» ANATOLE DE ***. »

— Il n'y a pas besoin de la lorgnette marine que Théodore voulait acheter, pour comprendre ce que cela veut dire, murmura Léon. Il prit un crayon dans sa poche et écrivit au-dessous du congé de M. Anatole :

POST-SCRIPTUM.

« Ma chère enfant,

» Voici la saison où tout Paris élégant va
» prendre les eaux. Ma santé, ébranlée par un
» pénible accident, m'oblige à quitter la capi-
» tale ; je vais prendre les bains d'Asnières-sur-
» Seine. Vous pouvez donc accompagner M. Ana-
» tole, qui se rend à Bade, où il désire vous
» emmener.

» Je vous dirai comme dans la lithographie :

» Souvenirs et regrets.

» A vous,

» Feu LÉON. »

Comme il allait se retirer, la porte s'ouvrit, et Laurence parut. Léonce lui mit la scène du gouverneur sous les yeux, lui baisa la main, prit son chapeau et marcha vers la porte.

— Attendez, dit Laurence. Elle ouvrit un petit buvard, et montra au jeune homme une lettre écrite en écriture d'écolier :

« Monsieur Anatole,
» Je reçois vos adieux avec cordialité et je
» reste chez moi. Je n'ai pas de maladie de peau
» pour avoir besoin d'aller prendre les eaux
» de Bade. Vous m'avez plu un moment, parce
» que vous vous appeliez Anatole, mais vous
» n'avez pas tardé à me déplaire. Ainsi donc,
» bonjour. Si je fais des fautes d'orthographe,
» excusez-moi, je n'ai pas teté la grammaire.

» Votre servante,

» ALINE. »

— Eh bien! fit Léon en rendant la lettre d'Aline à Laurence, qu'est-ce que ça prouve?

— Comment, vous ne comprenez pas qu'Aline, en trouvant chez elle la lettre de M. Anatole, est venue me la montrer, et qu'elle l'a oubliée chez moi, ainsi que la réponse qu'elle lui faisait et que je lui ai fait écrire plus convenable?

— Elle était courte, mais bonne, dit Léon. Alors, ajouta-t-il, ce n'était donc pas moi qui...

— Oh! moi, répondit Laurence, je n'aimerai jamais un homme qui s'appellerait Anatole. S'il s'appelait Georges, je ne dis pas.

— Ah! oui, fit Léon, à cause de lord Byron. Alors, vous me préviendrez si cel se trouve.

— Oh! oui, dit-elle avec un grand élan de franchise, c'est trop ennuyeux de tromper les gens. Aline avait l'air de marcher avec des cailloux dans sa chaussure. Au moins, vous serez discret avec Théodore? ajouta Laurence, qui allumait à la bougie la page révélatrice.

III

Quinze jours après, Théodore et Léon assistaient, en compagnie des deux modistes, à la première représentation de leur pièce, qui réussit parfaitement.

— C'est égal, murmurait Théodore, je regrette qu'on ait coupé la scène du gouverneur.

— Si tu la retrouvais, tu ne la trouverais pas bonne, dit Léon. Et se retournant vers Laurence, qui s'inclinait légèrement pour répondre au salut que venait de lui adresser un jeune homme :

— Qui saluez-vous là, ma chère? lui demanda-t-il.

— Un de mes voisins du magasin.

— Il s'appelle?

— Georges.

LA NOSTALGIE

SCÈNES DE LA VIE D'ARTISTE

PERSONNAGES :

OLIVIER. MELCHIOR.
RENÉ. H. MORIN.
URBAIN. MARIA.
MAULÉON. LA COSTENZINA.

Personnages divers.

Une très-grande chambre très-humblement meublée, ayant une apparence d'atelier. — Porte au fond ouvrant sur le carré; — à droite, une porte vitrée, communiquant à une seconde pièce; chevalet, — piano; — dans un angle de la fenêtre, un oranger en caisse. — La pièce est chauffée par un poêle dont le tuyau paraît se prolonger dans la chambre voisine. — Au commencement de la scène, René et Olivier sont assis à une très-grande table éclairée par une seule lampe, dont la clarté déjà douteuse indique une longue veille. — L'un écrit, l'autre copie de la musique. Auprès d'eux, Maria, penchée sur une plaque d'étain, grave une partition. — Au dehors, le silence de la nuit.

SCÈNE PREMIÈRE

MARIA, OLIVIER, RENÉ

MARIA, passant à Olivier un des feuillets du manuscrit qu'elle grave, et lui en indiquant du doigt un passage.

Est-ce qu'il n'y a pas une faute d'harmonie à cet endroit ?

OLIVIER, regardant.

Sol, sol, mi, ré, — fa dièze, — mais non ! — fa naturel.

MARIA

Faut-il corriger ?

OLIVIER, à René.

Dites-moi, René, lorsque vous trouvez dans les pièces de théâtre que vous copiez, une faute grossière, est-ce que vous la corrigez ?

RENÉ

C'est selon : si la pièce est d'un homme de talent, je corrige la faute, convaincu que je répare une erreur involontaire ; si la pièce est sans valeur, je copie fidèlement.

OLIVIER

Pourquoi ?

RENÉ, en riant.

Parce que plusieurs fois j'ai été réprimandé pour m'être permis d'altérer le texte.

OLIVIER, à Maria.

Tu entends, ma fille ? eh bien, profite du renseignement.

René et Olivier se remettent à travailler. Maria continue sa gravure; au bout d'un instant, elle fait un mouvement et jette un petit cri.

OLIVIER, se retournant.

Eh bien, qu'y a-t-il?

MARIA

Ah ! tant pis, j'ai altéré le texte !

OLIVIER

Va donc te reposer, il est au moins quatre heures du matin !

MARIA

Je voudrais finir cette planche, je n'en ai plus que pour une minute.

OLIVIER, se penchant vers René.

C'est de la procédure que vous copiez là ; cela doit bien vous ennuyer.

RENÉ

J'ai fait cette besogne comme une machine, et, vous le savez, les machines n'éprouvent pas l'impression.

13.

OLIVIER

Et quand vous remettez-vous à travailler pour vous ?

RENÉ

Bientôt, je l'espère. (Montrant ses mains.) Voici quinze jours que ceci fonctionne pour assurer la liberté de cela. (Il se frappe le front.) Dès que je pourrai laisser l'outil, je reprendrai l'instrument.

MARIA, se levant et serrant son travail dans le tiroir de la table.

J'ai fini, je vais me coucher. Bonsoir, Olivier. (Elle s'approche de lui et l'embrasse. — A René.) Bonsoir, monsieur René.

RENÉ, lui donnant la main.

Bonne nuit, Maria.

OLIVIER, à Maria.

En t'en allant, mets donc une bûche dans le poêle.

MARIA, mettant une bûche dans le poêle, et montrant la cheminée avec un accent de regret.

C'était bien plus gai, la cheminée !

OLIVIER, se levant et allant la conduire.

Oui, ma pauvre Maria, mais c'était plus cher!

RENÉ

Et vous savez que nous sommes obligés de compter.

Olivier a reconduit Maria vers la porte du fond, il lui parle bas et l'embrasse encore une fois. — Quand elle est sortie, il revient s'asseoir à sa place et reste un moment silencieux, la tête entre ses mains. René, qui a cessé de travailler, l'observe.

SCÈNE II

RENÉ, OLIVIER

OLIVIER, sortant de sa rêverie.

Est-ce que nous compterons encore longtemps, René?

RENÉ

Peut-être.

OLIVIER

Et vous ne vous lassez pas, vous, de cette existence obscure et laborieusement pénible?

RENÉ

Moi, j'accepte la vie comme elle est faite, et je ne me plains pas du présent, surtout quand il pourrait être pire. Quant à l'avenir, oh! (Avec conviction.) mon orgueil ne lui fait pas cette offense. Patience, nous arriverons.

OLIVIER

La route est longue.

RENÉ

Lorsqu'en voyage on éprouve de la fatigue, il ne faut pas mesurer le chemin qui reste à faire, mais celui qu'on a fait déjà.

OLIVIER

Je connais des gens qui sont partis bien après nous, et qui sont arrivés ou arriveront bien avant. Vous rappelez-vous Mauléon?

RENÉ

Oui, je l'ai connu autrefois; — il ne promettait rien : a-t-il tenu sa promesse?

OLIVIER

Il connaît tout le monde, et tout le monde le connaît.

RENÉ

D'une manière ridicule, à ce que j'entends

dire. A ce compte-là, Jocrisse aussi est connu.

OLIVIER

Si vous voulez un exemple sérieux, je vous citerai Melchior. Il n'a pas fait comme nous faisons, lui ; il n'est pas resté dans son trou, aussi a-t-il réussi.

RENÉ

Mais n'a-t-il pas été aidé par une femme ?

OLIVIER

Aidé honorablement, oui, c'est vrai, par cette cantatrice qui a donné l'autre jour un concert, où nous sommes allés avec Urbain. Melchior avait été emmené en Italie par un ami riche, il y fit connaissance de la Costenzina. Celle-ci se prit de passion pour lui, et ne voulant pas d'un amant obscur, elle le fit connaître en chantant sa musique, dont personne ne voulait ici. Grâce à l'influence de sa maîtresse, popularisé par les nombreux amis de celle-ci, Melchior, à son retour en France, trouva la célébrité qui l'attendait à la barrière. Combien lui-a-t-il fallu de temps ? Moins d'un an.

RENÉ

Les choses improvisées ne durent pas.

OLIVIER

Si Melchior n'avait pas compris le danger qui existe pour un artiste à vivre dans l'isolement, il serait encore inconnu ; mais vous, vous ne croyez pas à l'utilité des relations.

RENÉ

Je crois au moins aux dangers de quelques-unes.

OLIVIER

Je puis vous citer un exemple de cette utilité pourtant. Depuis que j'ai renoué connaissance avec Melchior, ne m'a-t-il pas rendu des services, en me faisant connaître son éditeur, qui me procure des accords, des leçons, et qui donne de la musique à graver à Maria? De son côté, Melchior ne m'oblige-t-il pas en me fai-

sant copier sa musique et corriger ses épreuves?
cela me rapporte quelque chose. J'ai été heureux de le rencontrer.

RENÉ

C'est une si douce satisfaction pour la médiocrité parvenue, d'avoir une occasion d'humilier le mérite obscur en paraissant lui rendre service.

OLIVIER

C'est triste ce que vous dites là.

RENÉ

Presque toutes les vérités le sont. Vous citez votre ami comme un exemple de l'utilité des relations, mais je vous le cite comme un exemple de leurs dangers. Depuis que vous avez renoué connaissance avec Melchior et quelques autres personnes du hasard, — pour qui l'art est moins une profession qu'un moyen de se mettre en évidence, — vous tournez à de mauvaises idées. Le bruit stérile qui se fait autour de leurs noms vous étourdit; leurs triomphes puériles et factices, qui ne trompent pas même ceux qui les proclament, vous inquiètent. Vous êtes aux prises avec des tentations dont l'isolement vous avait préservé jusqu'alors. Prenez garde, Olivier.

OLIVIER

A quoi?

RENÉ

Je vous ai averti qu'une méchante vipère est sous vos pieds. Marchez dessus avant qu'elle vous pique.

OLIVIER

Je ne suis pas jaloux... de la réputation de Melchior. J'envie, il est vrai, le bien-être dont je le vois si facilement entouré, mais j'ai une excuse.

RENÉ

L'envie est la seule chose à laquelle je n'en connaisse pas.

OLIVIER

Laissez-moi dire. Depuis quelque temps

Maria est changée; elle recherche la solitude.
Quelquefois je la surprends des larmes dans les
yeux. A la tristesse que peut lui causer la
perte de son avenir, j'imagine que les doutes
qu'elle peut concevoir sur le mien ajoutent une
nouvelle amertume. Tous les dévouements ont
un terme, tous les amours ont une fin.

RENÉ

Vous vous trompez. Si Maria est changée en
apparence, son amour pour vous est le même,
et son dévouement vous prêtera du courage,
si vous en manquez. Tant que vous l'aimerez,
sœur Anne patiente, elle attendra.

OLIVIER

Pourquoi pleure-t-elle?

RENÉ

Ce n'est pas de la tristesse, c'est du malaise :
— il faut la distraire. Pourquoi ne l'avez-
vous pas emmenée l'autre jour à ce concert?

OLIVIER

Vous savez que Maria n'a pas de toilette, pour aller dans ces réunions; je préfère d'ailleurs qu'elle n'y soit point venue. La Costenzina est une de ses compatriotes. Le triomphe qu'elle a obtenu aurait pu rappeler à Maria les espérances auxquelles la perte de sa voix l'oblige à renoncer.

RENÉ

N'y a-t-il pas de remède à ces sortes d'accidents?

OLIVIER

Il y en a un peut-être, mais hors de France et de nos moyens, à six cents lieues.

RENÉ

Dans son pays?

OLIVIER

Oui.

RENÉ

Si elle ignore cela, ne lui en parlez pas.

OLIVIER

Vous n'avez pas besoin de me le recommander.

RENÉ

Il est pénible d'éveiller des espérances qu'on ne peut satisfaire.

OLIVIER

Oh! si j'avais de l'argent!

RENÉ

Vous la feriez partir.

OLIVIER

Et je partirais avec elle!

RENÉ

Ne m'avez-vous point parlé d'une affaire que vous aviez en vue avec cet éditeur qui vous occupe?

OLIVIER

Je me suis risqué à lui porter le recueil de mes mélodies; il m'a promis de les examiner, et l'autre jour, au concert, il m'a annoncé qu'il aurait une proposition à me faire un de ces jours. J'attends.

RENÉ

C'est presque une espérance, cela.

OLIVIER

Mes espérances sont si fragiles, que je n'ose

pas m'appuyer dessus. (Tout en marchant dans la chambre, il s'est approché d'une petite table, sur laquelle se trouve une pierre lithographique dont il écarte l'enveloppe.) Rien de fait encore. René, si vous voyez Urbain ce matin, pressez-le donc un peu pour qu'il se mette à cette lithographie que mon éditeur lui a demandée pour son journal de musique.

RENÉ

Je ne vous promets pas de réussir. Vous savez que le seul travail qui plaise à Urbain, c'est le perfectionnement de la paresse.

Olivier, qui a été à la fenêtre, en écarte le rideau; — il aperçoit les vitres de la maison qui fait face brillamment éclairées; par instant on entend les sons de la musique.

OLIVIER

Nos voisins s'amusent; entendez-vous?

RENÉ

C'est aujourd'hui leur jour de réception.

OLIVIER

Melchior les connaît, ce sont des jeunes gens qui ont de la fortune et qui aiment à s'entourer d'artistes. Ils donnent des soirées charmantes où l'on fait d'excellente musique.

RENÉ

Pourquoi votre ami Melchior ne vous présente-t-il pas dans cette maison?

OLIVIER

Je ne le lui ai pas demandé.

RENÉ

S'il a vraiment intention de nous servir, il aurait pu aller au-devant de votre demande, et au lieu de vous faire copier de la musique, il aurait pu vous procurer l'occasion de faire entendre la vôtre; mais peut-être a-t-il songé que cela pourrait faire du tort à la sienne.

OLIVIER, s'éloignant de René et retournant vers la fenêtre.

Vous êtes amer!

Après avoir prêté l'oreille à la musique du voisinage, qui devient plus distincte, il entr'ouvre un peu la fenêtre. On entend une voix de femme qui chante dans la maison en face.

RENÉ, se levant avec vivacité.

Êtes-vous fou d'ouvrir cette fenêtre! vous allez nous faire geler.

OLIVIER

N'entendez-vous pas cette admirable voix?

RENÉ, à part.

Heureusement que Maria n'est pas là pour l'entendre, elle!

OLIVIER

C'est un air de la campagne de Sicile : Maria me l'a chanté bien souvent, autrefois. Melchior a rapporté cette chanson de son voyage, et c'est avec elle qu'a commencé son succès; quelle mélodie divine!

RENÉ, avec une impatience inquiète.

C'est très-beau, mais il fait froid, et le vent va éteindre ma lampe. (Il ferme la fenêtre.)

OLIVIER

Le jour approche, je vais me reposer quelque temps; et vous?

RENÉ

Moi, je vais remettre de l'huile dans la lampe et terminer cette besogne, que je dois livrer dans la journée.

OLIVIER

A tantôt. (Il se dirige vers la porte vitrée en fredonnant l'air sicilien.)

RENÉ, l'interrompant.

Mais taisez-vous donc. Maria peut vous entendre de chez elle, et vous pourriez la réveiller.

Olivier rentre dans la chambre.

SCÈNE III

RENÉ, seul, allant coller son oreille au mur.

Elle dort, elle n'a pas entendu. Depuis quelque temps cet air de son pays semble la poursuivre partout, comme pour exciter ses regrets. (Il fouille dans ses papiers et en tire un manuscrit qu'il relit à demi-voix.)

Au pays regretté par Mignon tu naquis,
Et, pareille à Mignon, tu regrettes et pleures,
Sous le ciel étranger, le ciel de ton pays.

Rien ne peut te distraire, et tu passes les heures
A regarder mourir un arbuste apporté
Du sol où l'oranger fleurit toute l'année.

Dans le terrain d'exil, avec toi transplanté,
Vois, son feuillage est pâle et sa fleur est fanée.
Tu n'as plus de sourire, il n'a plus de parfums.

Pour que l'arbre renaisse et de nouveau fournisse
Sa moisson odorante à tes beaux cheveux bruns,
Pour que l'ennui s'efface à ton front pur qu'il plisse,

Il vous faut à tous deux le soleil du pays,
Regretté par Mignon, quand aux cieux elle aspire,
Et l'arbre aura des fleurs, et ton front le sourire
Qu'un peintre au nom d'archange a tant cherché jadis.

Pauvre fille! il n'y a que **moi** qui ai deviné son mal! (S'apercevant que la lampe commence à s'éteindre, il se lève et remet de l'huile.) Allons, brûle encore, modeste clarté des veillées laborieuses; ce n'est pas pour rien. (Il se remet à travailler, et au bout de quelques instants, il est interrompu par un bruit de pas dans le corridor.)

SCÈNE IV

RENÉ, à sa table. URBAIN, entrant. Il est vêtu d'une vareuse en laine rouge.

URBAIN

Comment! vous êtes déjà levé, vous?

RENÉ

Je ne me suis pas couché. Vous deviez renrer de bonne heure pour travailler avec nous.

URBAIN

Mais je rentre de bonne heure aussi

RENÉ

Qu'est-ce que vous avez fait hier soir? Nous vous avons attendu.

URBAIN, négligemment.

J'ai été retenu à mon café par une discussion artistique fort intéressante. (A part.) En partie liée.

RENÉ

J'en étais sûr. Fait-il jour?

URBAIN

Oh! jour si on veut, l'aurore aux doigts rouges d'engelures tâche de réveiller le soleil, qui ne veut pas se lever; la neige tombe dans les rues, les passants tombent sur la neige; — les cigales de Savoie font entendre leur cri national, *a peau á pin;* — les corbeaux passent dans le ciel et vont chercher pâture en plaine, c'est bien l'hiver. (Il chante.)

Nous n'irons plus au bois, les lauriers sont coupés.

RENÉ

Ne faites pas de bruit, Olivier dort; il a veillé tard; s'il nous oblige, en mettant cette pièce à notre disposition pour que nous y soyons mieux pour travailler que dans nos mansardes, il ne faut pas du moins qu'il souffre de sa complaisance.

URBAIN

Savez-vous que c'est une idée très-ingénieuse que vous avez eue là! En nous associant tous les trois pour les dépenses de la vie intérieure, nous réduisons beaucoup nos frais. Vous avez le génie de l'économie.

RENÉ

La nécessité est un si bon maître. A propos, l'huile est augmentée d'un sou.

URBAIN

Heureusement que les jours sont diminués d'une heure.

RENÉ

Comme femme de ménage de la communauté, je me suis engagé à vous éclairer et à vous chauffer jusqu'à la fin du mois, mais si vous brûlez le bois et la chandelle par les deux bouts...

URBAIN

On aura plus chaud et on verra plus clair.

RENÉ

Puisque vous ne travaillez pas chez vous, pourquoi donc l'autre nuit avez-vous laissé brûler la lampe si tard dans votre petit cabinet qui donne sur Montmartre ?

URBAIN

C'était un phare, je l'allume quelquefois pour avertir une personne lointaine que je suis visible, elle n'est pas venue. Mais comme il y avait une autre lampe allumée à une autre fenêtre du voisinage, elle se sera peut-être trompée de carcel.

RENÉ

Et quelle autre fantaisie vous prit, la nuit suivante, de vous mettre à jouer du cor de chasse à trois heures du matin?

URBAIN

C'est encore un signal, du même à une autre. Elle n'est pas venue non plus, mais elle s'est fait excuser le lendemain matin par le commissaire de police. Il m'a invité à aller le voir mardi prochain à onze heures. Est-ce que vous croyez que c'est pour déjeuner?

RENÉ

Vous riez toujours, vous, et de tout.

URBAIN

C'est bon de rire; — d'abord, ça ne coûte rien.

RENÉ

Voyons, maintenant que vous avez un beau jour et un bon feu à votre disposition, n'allez-vous pas vous mettre à travailler un peu? Qu'est-ce qui vous manque encore ici?

URBAIN

Absolument rien. (A part.) Cependant s'il y avait un billard !

RENÉ

Eh bien, mettez-vous à la besogne; finissons bien l'année pour la commencer de même. Allons, mettez-vous-y.

URBAIN

Mais je ne peux pas; vous voyez un homme au désespoir : on ne m'a pas encore envoyé ce portrait dont je dois faire la lithographie. Je suis d'une impatience !

RENÉ

Comme vous êtes content d'avoir ce prétexte !

URBAIN

Je vous assure que je n'ai jamais été si en

train de ma vie; c'est à ce point, que je me suis relevé plusieurs fois cette nuit pour voir si on n'avait pas apporté ce portrait. (Il s'approche de la fenêtre.) Voilà mademoiselle Césarine qui se montre à sa croisée, elle vient quêter votre bonjour.

RENÉ

Je n'ai pas le temps de me déranger

URBAIN

Avant qu'elle vous eût permis de lui souhaiter le bonsoir, vous étiez plus empressé à lui souhaiter le bonjour. Décidément, vous n'auriez pas inventé l'immortelle.

RENÉ

Tenez, allumez donc le feu, pour faire quelque chose!

URBAIN

Comment? il est donc éteint? Brr, brr, brr!

RENÉ

Vous n'aviez pas froid tout à l'heure.

URBAIN

Tout à l'heure, je croyais qu'il y avait du feu, j'avais chaud de confiance.

RENÉ

Vous êtes donc bien frileux?

URBAIN

Comme un ver à soie ou un oranger. A propos d'oranger (Il montre celui qui est dans la chambre.), celui que Maria a rapporté de son pays est bien malade.

RENÉ

Il est inutile de le lui faire remarquer.

URBAIN

Je crois avoir entendu dire vaguement que c'est à l'occasion de cet arbuste qu'Olivier et Maria se sont connus.

RENÉ

En effet, il y a trois ans, Maria vint demeurer dans cette chambre à côté, où elle habite encore. Elle était en deuil du visage et des vêtements :

son père l'avait laissée orpheline en l'amenant de Sicile en France. Se trouvant sans ressources pour continuer ses études musicales, elle fut obligée de gagner sa vie en chantant sur les promenades. Elle vivait ainsi seule et triste, fière et pauvre, chaste et belle. Quelquefois le dimanche, comme elle ne travaillait pas, elle se mettait à sa fenêtre et donnait ses soins à cet oranger que vous voyez. Les yeux clos, le front plongé dans le feuillage étoilé de fleurs odorantes, elle embaumait ses souvenirs avec les parfums de la terre natale, et si quelque brise du midi passait dans l'air, elle se croyait transportée dans la campagne de Messine, aux heures suffocantes où le siroco vient mêler aux cendres rougies de l'Etna brûlant la poussière grise du désert brûlé.

URBAIN

C'est tout un tableau, — Mignon rêvant la

patrie. Mais, il y a trois ans, Olivier n'habitait pas encore dans cette maison?

RENÉ

Moi, j'y demeurais. Quand Olivier emménagea, il reconnut dans sa voisine une jeune fille qu'il avait vue dans une classe de chant au Conservatoire. Il apprit de Maria l'attachement superstitieux qu'elle avait pour cet oranger, et comme il dépérissait sur la fenêtre ouverte au nord, Olivier proposa à sa voisine d'apporter son oranger sur sa terrasse, exposée au soleil.

URBAIN

Tiens! mais ce n'est pas trop bête pour un musicien. Puisque vous étiez le voisin de Maria avant Olivier, pourquoi donc n'avez-vous pas pris l'oranger en pension chez vous?

RENÉ

Moi, ma fenêtre est à l'ombre. — Pendant six mois, Maria vint tous les jours chez Olivier, et tous les jours elle rentra chez elle...

URBAIN

Avec le droit de porter les fleurs qu'elle venait arroser. C'est long, six mois ! — Moi, j'aurais fait des coupures.

RENÉ, le regardant.

Je connais des gens spirituels que cela fait rire ; mais moi, je ne ris pas de cet amour qui respectait une robe noire.

URBAIN

Enfin, il est arrivé un jour où Maria n'est pas rentrée.

RENÉ

Oui, ce jour-là Olivier était malade ; Maria est restée.

URBAIN

Pour lui faire de la tisane, — à la fleur d'orange, sans doute ?

RENÉ

Je ne sais pas si vos plaisanteries seraient du goût d'Olivier.

URBAIN

Il a meilleur caractère que vous... Et je crois, entre nous, qu'à présent cela lui est bien égal.

RENÉ
Pourquoi faites-vous cette supposition?

URBAIN
Mon cher, autrefois, avec la meilleure intention de nous être agréable, Olivier ne se serait pas arrangé d'une intimité qui met constamment deux tiers entre lui et sa maîtresse; car aujourd'hui, nous demeurons beaucoup plus chez Olivier que chez nous, et Maria demeure beaucoup plus chez elle que chez lui.

RENÉ
Vous concluez?

URBAIN
Oh! c'est élémentaire : je crois que Maria e. Olivier s'ennuient, — et l'ennui c'est la phthisie de l'amour.

RENÉ
Il y a des phthisiques qui vivent longtemps

URBAIN
Vous voulez dire qui meurent pendant longtemps; après cela, Maria en a peut-être assez de

cette existence-là ; on se lasse de tout, même de la misère.

Olivier paraît sur le seuil de la chambre. — René fait un geste à Urbain pour le faire taire ; — celui-ci va au poêle et se remet à activer le feu.

OLIVIER, entrant, à part.

Urbain a les mêmes pensées que moi.

SCÈNE V

URBAIN, RENÉ, OLIVIER, UN FACTEUR.

URBAIN

Tiens ! vous voilà levé ! — Bonjour.

OLIVIER

Bonjour. — Est-ce que vous travaillez ? (Il va à la table où Urbain a préparé sa pierre lithographique.)

URBAIN

Ne m'en parlez pas ; je suis en train de me faire un mauvais sang... Figurez-vous... (On frappe à la porte.) Ah ! enfin ! on m'apporte peut-être mon ouvrage ! (Il va ouvrir. — On voit un facteur.) Non !...

OLIVIER

Avouez que vous avez eu peur.

LE FACTEUR

Messieurs, c'est le facteur de la maison qui a l'honneur de venir vous présenter ses respects, et de vous offrir l'almanach de la nouvelle année. — Si ces messieurs veulent choisir? (Il tire des almanachs de sa boîte.)

URBAIN

Tâchez donc de nous en donner un meilleur que le dernier.

LE FACTEUR

Pardon, mais...

URBAIN

Nous n'en n'avons pas été contents du tout.

RENÉ, remettant à Urbain une pièce de monnaie.

Donnez donc les étrennes à cet homme, et ne l'amusez pas.

URBAIN, au facteur.

Vous n'avez pas une lettre de mon oncle — cachetée avec de la mie de pain?

LE FACTEUR

J'ai une lettre pour M. Olivier.

OLIVIER

C'est moi. Donnez.

LE FACTEUR

Elle est franche.

URBAIN, lui donnant ses étrennes.

Tenez, quand vous aurez des lettres chargées, pensez à moi. (Le facteur sort.)

URBAIN, accrochant l'almanach à un clou.

Voici pourtant les cartes que nous donne la destinée pour jouer la partie de la vie; chaque année on en relève une nouvelle. Ce n'est pas étonnant si nous ne gagnons pas, il ne nous arrive jamais d'as. (Avec philosophie.) Ils seront peut-être tous au talon.

SCÈNE VI

Les Mêmes, MARIA

URBAIN, qui s'est levé en entendant ouvrir la porte, fait un geste de désappointement.

Ce n'est pas encore mon portrait. Décidément voilà une journée de perdue. Bonjour, Maria. (Celle-ci lui donne la main en passant; elle en fait autant avec René, et va ensuite à Olivier, qui l'embrasse.)

OLIVIER, à part.

Toujours cet air de tristesse.

MARIA, s'approchant de la fenêtre, à part.

La neige, partout la neige.

OLIVIER, s'approchant d'elle.

Tu as froid?

MARIA

Un peu. Je vais préparer le déjeuner, cela me réchauffera.

URBAIN

Ah! oui, débarrassons-nous de cette besogne là; car une fois qu'on est en train de travailler, il n'y a rien d'ennuyeux comme... (Il aide Maria à débarrasser la table sur laquelle se trouve la pierre lithographique; ils vont et viennent dans la chambre. — Maria fait chauffer du lait au poêle. — Depuis quelques instants René a remarqué qu'Olivier a un air préoccupé en relisant la lettre qu'il a reçue à la scène précédente.)

RENÉ

Cette lettre que vous venez de recevoir paraît vous contrarier.

OLIVIER

Elle m'embarrasse au moins. — Il s'agit d'une bonne occasion dont je ne pourrai pas profiter — une soirée musicale où l'on me propose d'aller tenir le piano. — C'est dans une grande maison ; il y aura plusieurs soirées pendant l'hiver. Cela serait fort avantageux pour moi.

RENÉ

Eh bien ! vous hésitez ?...

OLIVIER

C'est qu'il y faut aller ce soir même. (A demi-voix.) Et vous savez où sont mes habits.

RENÉ

Vous aurez le temps de les dégager avant ce soir.

OLIVIER

Ce n'est pas le temps qui manque.

RENÉ

Je me mettrais bien à votre disposition ; mais aujourd'hui ce serait difficile.

OLIVIER

Comme c'est Melchior qui me procuer cette

soirée, ne pourrais-je pas m'adresser à lui pour ce service?

URBAIN

Je ne sais pas pourquoi cela m'ennuie de vous voir contracter des obligations envers ce garçon.

OLIVIER

René m'assure que je pourrai dans la saison gagner un billet de 500 francs dans cette maison. — Je ne crois pas qu'il puisse me refuser.

RENÉ

Dame! voyez. (Le voyant préoccupé.) Que regardez-vous?

OLIVIER

Je regarde Maria qui pleure. (Maria est au coin de la fenêtre et ramasse tristement les feuilles mortes tombées de son oranger.) René, il faut que je gagne de l'argent, voyez-vous; je m'adresserai à Melchior. (Maria, se voyant observée, quitte la place et prépare le déjeuner.)

MARIA

Le déjeuner est prêt. (Elle s'approche du poêle et fait griller du pain. — Les trois jeunes gens se déplacent autour de la table. Urbain déploie un journal.)

RENÉ

Quel est ce journal?

URBAIN

Il enveloppait la pierre lithographique qu'on m'a envoyée pour ce portrait. (A Maria, qui distribue du pain.) Très-grillé pour moi, s'il vous plaît. (Lisant le journal.) Ah! mon Dieu!

OLIVIER

Qu'avez-vous?

URBAIN

Ah! mes enfants, le trois pour cent qui a glissé de soixante-quinze centimes.

OLIVIER

Qu'est-ce que cela vous fait?

URBAIN

Cela me fait perdre.

RENÉ

Voudriez-vous nous faire croire que vous jouez à la bourse?

URBAIN

Je joue en blanc, par supposition, pour me faire la main. J'avais gagné comme cela une centaine de mille francs. Mais cette glissade du trois va bien me gêner pour ma liquidation.

(On entend dans la rue sur un orgue l'air sicilien qui a été joué dans les scènes précédentes. Maria tressaille et devient tristement rêveuse.)

RENÉ, bas à Maria, qui est observée par Olivier.

Prenez garde! Olivier va vous voir.

OLIVIER à Maria.

Qu'as-tu donc?

MARIA, se levant.

Rien. J'étais trop près du poêle ; cette chaleur me suffoque. (Elle s'éloigne.)

OLIVIER, la suivant des yeux.

C'est étrange.

URBAIN, lisant le journal.

Le journal parle de votre ami le célèbre Melchior.

OLIVIER

A quelle occasion?

URBAIN

Il lui est arrivé un malheur. Je propose de prendre le deuil pour cinq minutes.

RENÉ

Ne riez donc pas toujours comme ça.

URBAIN

Il y a pourtant de quoi rire, écoutez. (Il lit.) « Un accident qui aurait pu jeter un crêpe sur » les fêtes musicales de l'hiver parisien avait » hier mis en émoi la foule élégante qui par- » courait le boulevard. M. Melchior, l'artiste » privilégié de ses sympathies, a fait une chute » de cheval. »

RENÉ

Il n'y a pas de quoi rire.

OLIVIER

S'est-il blessé?

URBAIN

Pas lui, mais « sa montre qui lui avait été » donnée par l'Athénée de Bar-sur-Aube, sa » patrie, comme un témoignage de reconnais- » sance pour la gloire dont il couvre le dépar- » tement. » (Il prend la pelle et les pincettes et frappe dessus.) Allez! la musique. (A René.) Pourquoi diable imprime-t-on ces choses-là?

RENÉ

Pour qu'on les lise.

OLIVIER

Et vous voyez qu'on les lit.

URBAIN

Quelque chose de plus sérieux : la Costenzina est engagée à l'Opéra. (A René.) Vous me laisserez du beurre, s'il vous plaît, René.

OLIVIER

Dit-on quand elle débute et dans quoi?

URBAIN

Dans un opéra nouveau commandé expressément pour elle à... (Il tourne le feuillet du journal.)

OLIVIER

Est-ce que ce serait à Melchior?

URBAIN

Malheureusement non... il n'aura pas eu le temps, et on a été obligé de s'adresser à un nommé Meyerbeer. (Il ôte sa casquette.) Je me risquerai à aller voir ça, moi, d'autant plus que le ténor Renaud chantera dans l'ouvrage.

OLIVIER

Renaud... mais vous savez qu'il a dû quitter le théâtre?

15.

URBAIN

A la suite d'une maladie, où il avait perdu sa voix.

<small>Maria paraît écouter avec attention.</small>
<small>URBAIN continuant.</small>

Oui; mais il vient de faire en Italie un séjour de deux ans, et il a retrouvé sa voix perdue.

<small>MARIA, se levant, à part.</small>

Ah!

<small>URBAIN</small>

Au reste, il paraît que ce n'est pas la première fois...

<small>OLIVIER, regardant Maria et prenant le bras à Urbain.</small>

Assez!

<small>URBAIN, ne comprenant pas.</small>

Hein? — Pas la première fois que la douceur du climat opère ces sortes de...

<small>OLIVIER, bas.</small>

Taisez-vous donc!

<small>URBAIN, continuant.</small>

Ces sortes de guérisons... <small>(A Olivier.)</small> Voilà, j'ai fini! Mais ne m'arrêtez jamais au milieu d'une phrase, cela m'empêche de respirer.

<small>RENÉ, à part.</small>

Voilà une espérance qui va bien envenimer son mal.

MARIA, à Urbain.

Si vous avez fini, voulez-vous me prêter le journal ?

OLIVIER

Que veux-tu lire ?

MARIA, prenant le journal et s'éloignant.

Le feuilleton.

OLIVIER, à part.

Le coup est frappé, il va retentir.

URBAIN, bas à Olivier.

Savez-vous que j'ai entendu dire au café des choses assez singulières sur votre ami Melchior?

OLIVIER

Puisque vous l'appelez mon ami, si ce que vous avez entendu dire sur son compte est désagréable pour lui, cela doit l'être aussi pour moi; je préfère donc l'ignorer. (Il se promène en observant Maria, qui lit le journal dans un coin de la fenêtre.)

MARIA, à part.

Le séjour que M. Renaud a fait en Italie pendant deux ans a complétement fait disparaître la grave affection qui était venue briser si douloureusement sa carrière d'artiste. C'est donc possible?

OLIVIER, qui l'a suivie.

Il t'intéresse, le feuilleton?

MARIA, à part.

Oh!... (Elle éloigne le journal.) Il devinerait. (Haut.) Oui, beaucoup; il est très-amusant.

OLIVIER, regardant par-dessus l'épaule de Maria,

Académie des sciences. (A part.) C'est la première fois que je la vois mentir.

Il s'approche d'elle et lui parle à voix basse en lui montrant la lettre qu'il vient de recevoir. Urbain est à genoux près du poêle et essaye de le rallumer.

URBAIN

Quel drôle de bois! il pleure, il chante, il fume et il ne brûle pas. Le fameux cotteret avec lequel Figaro voulait rosser Basile n'était assurément pas plus vert.

MARIA, bas à Olivier.

Comment feras-tu pour aller à cette soirée?

OLIVIER

Je ne sais pas encore. N'as-tu pas des planches à reporter à l'éditeur de musique?

MARIA

Oui, mais tu sais qu'il ne règle le compte

qu'à la fin du mois, et c'est ce soir qu'il te faut tes habits. Si tu voulais (elle montre son doigt), avec cette bague, on aurait l'argent nécessaire.

OLIVIER

Non, Maria. Cette bague est plus qu'un bijou, c'est un souvenir d'affection. Il y a un an, tu l'avais égarée, tu as été presque folle de chagrin, te rappelles-tu ?

MARIA

Mais elle ne serait pas perdue.

OLIVIER

Je t'ai dit non, n'en parlons plus ; d'ailleurs, je compte m'adresser à Melchior.

MARIA

Je vois dans cette lettre qu'il te donne rendez-vous chez sa maîtresse. Pourquoi ?

OLIVIER

Il m'a déjà proposé de m'y conduire plusieurs fois. La Costenzina va quitter Paris, je lui dois au moins une visite. C'est sur sa recommandation que j'ai cette leçon où je vais aller.

MARIA

Viens que je te mette ta cravate. (Elle lui fait le nœud de sa cravate.)

OLIVIER, lui baisant la main.

Pourquoi es-tu triste ?

MARIA

Ce n'est pas de la tristesse, mon ami, c'est un malaise ; je suis comme cela toujours au commencement de l'hiver. Ne m'en veux pas... dis. (Elle l'embrasse.)

OLIVIER, avec découragement.

Moi t'en vouloir ?

RENÉ, continuant une conversation avec Urbain.

Moi, je ne suis pas l'ami de M. Melchior, mais je ne crois pas à ce qu'on vous dit... Votre café, d'ailleurs, est un laboratoire de cancans.

URBAIN

Cependant ces jeunes gens n'ont aucune raison...

RENÉ

Quand on est jeune, il y a quelque chose de mieux à faire que de passer son temps à couver les œufs de la médisance pour en faire éclore le scandale.

OLIVIER

Qu'est-ce ?

RENÉ

Un mauvais propos tenu sur M. Melchior.

OLIVIER

J'ai déjà dit que je ne voulais pas le connaître.

RENÉ

Et moi j'ai dit que je ne voulais pas y croire.
(Il prend son chapeau.)

MARIA, à Olivier, qui prend son chapeau.

Tu sors ?

OLIVIER

Oui, je vais donner ma leçon, et de là voir Melchior.

Olivier sort, reconduit par Maria.

SCÈNE VII

RENÉ, à la table. — URBAIN, au poêle. — MARIA, qui range, puis MAULÉON

URBAIN

Vous êtes heureux, vous, René, vous ne chômez pas !

RENÉ

Si vous faisiez avec votre ouvrage comme

Mahomet avec la montagne; si vous alliez chercher ce portrait?

URBAIN

Tiens, au fait; c'est une idée, ça. (Il se rassied.)

RENÉ

Eh bien, vous n'y allez pas?

URBAIN

Je ne sais pas à quelle adresse il faut aller, et cette ignorance me cloue. Je suis le Prométhée de l'inaction.

RENÉ

J'ai lu dans le récit d'un voyageur gascon qu'il existait un pays où les journées sont de vingt-cinq heures, vous devriez y aller.

URBAIN

Pourquoi?

RENÉ

Vous auriez une heure de plus par jour à ne rien faire. (On frappe.) Tenez, on frappe. C'est peut-être pour vous.

Urbain va ouvrir, Mauléon paraît.

SCÈNE VIII

RENÉ, URBAIN, MARIA dans la chambre voisine MAULÉON. Celui-ci est éclaboussé des pieds à la tête. — En entrant, il dépose sur un meuble un petit paquet qu'il a sous le bras.

URBAIN

Mauléon chez nous! Par quel hasard? (Mauléon leur donne à chacun une poignée de main.)

MAULÉON

Donnez-moi donc une brosse. (Urbain la lui apporte.)

URBAIN, le regardant.

Comment vous êtes-vous donc arrangé?

MAULÉON, se brossant, un pied sur la chaise et montrant ses vêtements.

C'est à votre porte que je viens d'attraper cela. Vous connaissez Lolotte?

URBAIN

Qui ça, Lolotte?

MAULÉON

Lolotte de l'Académie.

URBAIN

Française?

MAULÉON

Non, de musique. Elle passait dans son coupé

et m'avait fait signe d'aller lui parler. Elle voulait que j'essaye de la raccommoder avec le petit Cussy, qui vient de la quitter. Vous savez, le petit Cussy?

URBAIN

Non.

MAULÉON

Cussy, des affaires étrangères. Ma chère enfant, dis-je à Lolotte, j'en suis bien fâché, mais je ne puis pas m'occuper de ça. Vous comprenez, en effet, qu'étant très-lié avec les Cussy, et sachant que leur fils va épouser sa cousine Eulalie, qui est charmante pour moi, je ne puis pas décemment donner les mains à un replâtrage entre Cussy et Lolotte... qui est une bonne fille, si vous voulez, mais une drôlesse... enfin. (Il regarde Urbain.)

URBAIN

Je ne vous dis pas que non.

MAULÉON

Non... non, ces choses-là ne se font pas.

Bref, en quittant Lolotte... assez froidement même, je m'aperçois que son cheval est mal enrêné; j'en fais observation à Joseph; le drôle balbutie, et, comme je m'approche pour réparer son oubli, savez-vous qui je reconnais? Soliman.

URBAIN

De l'Académie?

MAULÉON

Le demi-sang de lord Kington. Il m'avait prié de le monter quelquefois, je devais même le lui acheter, mais c'est un alezan et je n'aime pas ces robes-là. Depuis, Kington l'a donné à Lolotte apparemment, et voilà comment j'ai retrouvé Soliman à la carriole. Il était si content de me revoir, qu'il s'est mis à piaffer dans le ruisseau et m'a couvert... (Il montre ses vêtements, qu'il achève de brosser.) Ce pauvre Soliman! je regrette de ne pas l'avoir acheté, avec Lolotte c'est une bête perdue. Et vous, mes pauvres vieux, qu'est-ce que vous devenez?

RENÉ
Rien.
MAULÉON, à René.
Vous avez donc renoncé à la littérature, au théâtre ?
RENÉ
Je me suis remis à ma place ; au lieu de faire des pièces, je copie celles des autres.
MAULÉON
Vous avez manqué de persistance. Je vous ai connu autrefois ayant des idées souvent. (Bas à Urbain, montrant René.) Je suis contrarié qu'il n'ait point persévéré, parce qu'on en aurait fait quelque chose, de ce garçon-là.
URBAIN
Vous êtes gentil, Mauléon ; mais ne lui dites pas cela, vous lui feriez de la peine.
MAULÉON
Moins qu'à moi, parce que lorsqu'on a commencé tous ensemble et qu'on se retrouve les uns devant, les autres derrière... c'est pénible, très-pénible.
URBAIN
Pour ceux qui sont devant surtout.

MAULÉON

Et vous, ça ne va donc pas non plus? Vous avez donc abandonné la grande peinture?

URBAIN

La petite aussi.

MAULÉON

Comment vivez-vous?

URBAIN

J'ai été obligé de me mettre dans le bâtiment.

MAULÉON, étonné.

Vous posez les vitres?

URBAIN

Oui, et comme je ne suis pas très-adroit, il y a des jours où je les casse.

MAULÉON

Mais aussi pourquoi vivez-vous comme des loups? pourquoi ne venez-vous pas me voir?

RENÉ

Nous ne sommes pas dans une position à vous fréquenter, Mauléon.

MAULÉON

Que c'est bête ce que vous dites là!

URBAIN

Mais où vous voir, d'ailleurs?

MAULÉON

Où? Partout!

RENÉ

Quand?

MAULÉON

Toujours! je ne vous dirai pas de venir chez moi, je n'y suis jamais; mais vous viendriez sur le boulevard, nous nous rencontrerions; je vous ferais connaître du monde, moi.

URBAIN, à René.

Il a raison. Est-ce que vous seriez fâché de connaître Soliman, vous?

MAULÉON

Nous prendrions l'absinthe ensemble, c'est comme ça qu'on arrive.

URBAIN, bas à René.

Quand vous en aurez assez, faudra le dire; je l'arrêterai.

RENÉ, bas à Urbain.

Non, il m'amuse.

URBAIN

Alors je vais le remonter. (Pendant que Mauléon a le dos tourné, Urbain passe derrière lui et fait un geste comme s'il montait une mécanique. A René, bas.) Ça y est; vous allez voir. (A Mauléon.) Vous êtes plus heureux que nous, vous, Mauléon. On vous dit en fort bon chemin.

MAULÉON

Ça, ça, ça, ça, nous sommes comme cela une petite bande qui commençons à donner du balai au vieux. Mais nous aurions bien besoin de jeunes gens.

URBAIN

Enfin, vous êtes satisfait?

MAULÉON, avec un soupir.

Mes pauvres amis, on me croit dans une bien belle position, n'est-ce pas? Savez-vous ce que je gagne, bon an, mal an? Dix pauvres billets de mille francs. (Avec découragement.) Et quelquefois moins.

RENÉ, se levant.

On peut vivre avec cela.

MAULÉON

Oui, sans doute, vous autres, par exemple parce que, heureusement pour vous, vous n'êtes pas soumis aux voraces exigences de cette vie parisienne... qui me fait tant d'envieux. Vous

me croirez si vous voulez, mais il y a des moments où j'ai envie d'envoyer tout promener et de retourner planter mes choux.
URBAIN
Ne faites pas ça, Mauléon, ne faites pas ça.
MAULÉON
Je suis trop avancé maintenant.
URBAIN
Dites donc, il ne faut pas nous en vouloir si nous ne connaissons pas vos ouvrages; mais nous vivons dans un trou où nous n'entendons parler de rien.
MAULÉON, embarrassé.
Mes ouvrages? D'abord vous savez que je ne peux pas y mettre mon nom !
URBAIN
Vous êtes trop modeste.
MAULÉON, naïvement.
Ce n'est pas modestie. (Avec emphase.) Je suis obligé de garder l'anonyme à cause de mon oncle, dont j'attends quelque bien. Cet homme, vermoulu et pétrifié dans les traditions du

moyen âge, ne m'a laissé le choix qu'entre deux professions : la toge ou le glaive. Il suppose que j'étudie pour être de robe. Je l'entretiens dans cette utopie en lui demandant de l'argent pour lui faire croire que j'en ai besoin.

URBAIN, à René.

Qu'est-ce que je vous disais, René ? (A Mauléon.) Figurez-vous que notre ami avait des doutes sur vous. (Désignant René.) Oui, il trouvait singulier qu'étant aussi populaire que vous l'êtes, on ne rencontrât jamais votre nom ni sur un livre, ni dans un journal, ni sur une affiche de théâtre. Je lui disais : « Mauléon doit avoir une raison pour garder l'anonyme. » (A René.) Eh bien, la voilà, sa raison, la voilà, la succession de son oncle l'oblige à ne pas se faire connaître. (A Mauléon.) Il me semble pourtant que j'ai lu dans un petit journal, d'un petit format...

MAULÉON, avec empressement.

Format mignon.

URBAIN

Il me semble, dis-je, que j'ai lu, signé de votre nom en grosses lettres, un petit article, je veux dire un article mignon...

MAULÉON, l'interrompant et tirant de sa poche un petit journal sur papier rose.

Le *Lutin rose*, le voilà.

URBAIN, prenant le journal.

C'est cela même. (Lisant.) « Qu'on ne vienne plus nous parler des Mars, des Rachel et autres étoiles depuis longtemps pâlies dans le ciel de la tradition dramatique ! Tel était le cri unanime poussé subitement, comme une lave qui s'échappe d'un volcan d'enthousiasme, par les spectateurs qui s'étaient entassés, l'autre soir, sur les gradins de ce Colisée de l'art nouveau qu'on appelle la salle Chantereine, pour assister aux débuts de mademoiselle Amanda, qui, aux cours lyriques... » Pardon... (Il s'interrompt et va boire un verre d'eau.) « Aux cours lyriques de la Polymnie, — cette merveille du célèbre Paros, — joint dans son jeu inimitable l'exquise délicatesse et ce je ne sais quoi d'innommé qui rappelle le rêve entrevu par Watteau sur les collines de l'idéal, enamouré d'impossible. L'intelligente direction du théâtre Saint-Marcel n'a pas attendu un second début pour s'attacher cette jeune enchanteresse qui, va, dans un pli de la chlamyde tragique, ou dans un coin du tablier de Dorine, faire traverser le Jardin des plantes à toute la poésie du passé, à toute la poésie de l'avenir. » Ah! vous permettez? (Il achève son verre d'eau, replie le journal, et le rend à Mauléon.)

MAULÉON

Eh bien, mon cher, croyez-vous que la drôlesse n'a pas été contente? J'avais fondé le journal exprès pour elle; il n'a eu qu'un numéro.

URBAIN

C'est malheureux, parce que vous auriez pu mettre les virgules dans le second. C'est égal, il ne faut pas prolonger davantage votre incognito ou le rompre exclusivement pour les beaux yeux d'une friponne. Ça se dit, friponne ?

MAULÉON, sérieux.

Oui, ça se dit encore.

URBAIN

Parce que, voyez-vous, si le public s'habitue à ne vous connaître que de cette manière-là, vous courez grand risque de rester un célèbre inconnu, ou un inconnu célèbre.

MAULÉON, avec conviction.

Dès que mon ancêtre aura mis le cap sur l'éternité, je romps mon anonyme; je prépare même quelque chose qui, j'espère, m'absoudra de mes précédents.

URBAIN

Une de ces choses qui vous campent un homme.

MAULÉON

C'est ça.

URBAIN

Une œuvre, enfin.

MAULÉON

Positivement. Seulement, je vous le dis tout bas, j'ai peur d'avoir vidé mon sac.

URBAIN, avec un mouvement de dénégation.

Oh! et c'est fini?

MAULÉON

J'y mets la dernière main. Il m'arrive même à ce propos une aventure assez désagréable. (Il tire un autre journal de sa poche.) Tenez, lisez ça...

URBAIN, lisant.

« M. Mauléon Lecomte, déjà connu par plusieurs essais qu ont réussi... »

MAULÉON

Comme c'est écrit! S'ils n'avaient pas réussi, comment les connaîtrait-on?

URBAIN

« Achève en ce moment une pièce d'une grande importance littéraire qu'il se propose de faire jouer au Théâtre-Français. » Eh bien, c'est plus flatteur que compromettant... cela.

16.

MAULÉON, avec force.

Cet article là me fera casser ma sonnette. Mon secret est éventé, et comme j'ai deux amis intimes directeurs de théâtre, ils seront demain chez moi, avec leurs prétentions rivales. Mettez-vous à ma place.

URBAIN

Non, j'aurais trop peur de rester... embarrassé. (Au moment où Mauléon va s'asseoir, il lui éloigne sa chaise et celui-ci manque de tomber.)

MAULÉON, reprenant son journal.

C'est un très-méchant tour qu'on me joue là, — mais je saurai qui...

RENÉ, bas à Urbain.

En voilà assez, hein!

URBAIN de même.

Bon.

MAULÉON, regardant dans la chambre.

Vous êtes très-mal pour peindre ici. Mauvais jour. On ne doit pas bien poser.

URBAIN

Vous m'excuserez, on pose assez bien. (Le prenant à part.) Dites-moi, Mauléon, parmi les essais qui vous ont réussi, vous rappelez-vous que vous m'avez emprunté trente francs que je vous ai prêtés il y a cinq ans?

MAULÉON, décontenancé.

Parfaitement; je me rappelle.

URBAIN

Moi aussi, j'ai de bonnes raisons pour me le rappeler, c'est un jour où j'ai travaillé. — Eh bien, si vous pouviez essayer de me les rendre, je serais enchanté de vous voir réussir.

MAULÉON, fouillant dans sa poche.

J'ai eu l'imprudence de monter au cercle. Cussy, des affaires étrangères, taillait un baccarat... Il m'a vidé.

URBAIN

Comme votre sac.

MAULÉON

Ça n'a pas été long... Mais la première fois que j'aurai de l'argent sur moi...

URBAIN

Ou sur les autres, ça me sera égal.

MAULÉON

D'ailleurs nous nous reverrons maintenant.

URBAIN

Au fait, par quel hasard êtes-vous venu?

MAULÉON, se frappant le front.

Tête de linotte! — Je suis venu exprès pour vous; je vous apporte quelque chose de la part de Rosine.

URBAIN

Rosine, — j'en ai connu une effectivement; je lui avais même juré quelque chose... Mais il soufflait tant de vent. Est-ce que... (Il chante.)

Rosine à moi revient fidèle?

MAULÉON. avec dignité.

Je ne crois pas que ce soit la même que vous avez connue. C'est son portrait que vous devez lithographier pour le *Panthéon musical*. (Il dé-
le paquet qu'il a apporté et en tire un petit cadre qu'il remet à

URBAIN, à Mauléon.

Comment! vous aviez cela dans votre poche, et voilà deux heures que vous me faites perdre à me moquer de vous?

MAULÉON, piqué.

Ah! mais, le mot est vif.

URBAIN

C'est pour cela qu'il m'a échappé

MAULÉON, radouci

J'accepte vos excuses.

MARIA, à part, sortant de la chambre d'Olivier
et apercevant Mauléon.

M. Michel ici! que vient-il faire?

URBAIN, posant le portrait sur son chevalet et se disposan
à travailler.

Enfin voici donc ce fameux portrait de la fameuse Costenzina!

MARIA, jetant les yeux sur le portrait avec étonnement.

Rosine!... Elle, elle, la Costenzina!.. Ah!

SCÈNE IX

URBAIN, MARIA, MAULÉON, RENÉ

MAULÉON, qui s'est retourné à l'entrée de Maria
et a paru la reconnaître.

Une femme! (A part.) La guitariste. (Il s'approche d'elle. Bas.) Madame, je désirerais que vous ne me reconnussiez pas devant ces messieurs ; d'ailleurs cela pourrait faire naître des soupçons. Il est peut-être jaloux. (Montrant tour à tour René et Urbain.) Lequel?

MARIA, confuse.

Mais, monsieur...

URBAIN, qui s'est mis à sa table et commence à disposer sa pierre lithographique.

Mauléon, je vous prie de ne pas faire la cour à madame.

MAULÉON, s'éloignant de Maria, à Urbain.

Ah! que c'est de mauvais goût ce que vous dites là! (Désignant Maria.) Je présentais mes hommages, (Bas à Urbain.) mes compliments de la distinction, du brio, de la race, — mes compliments.

URBAIN

Qu'est-ce que vous me chantez?

MAULÉON, désignant de nouveau Maria.

Mais...

URBAIN

Ce n'est pas moi.

MARIA, suivant Mauléon des yeux; à part.

Que vient-il faire ici? Je ne l'avais pas encore vu.

MAULÉON, se dirigeant vers René et lui montrant Maria.

Mes compliments. De la distinction, du brio, de la race, parfait.

RENÉ

Mais ce n'est pas moi; vous vous trompez.

MAULÉON, retournant à Urbain
à qui il désigne tour à tour Maria et René.

Comment! ni lui ni vous? Ah çà! elle est donc indépendante?

URBAIN, riant.

Comme l'Amérique.

MAULÉON, tirant un petit peigne de sa poche
et le passant dans sa barbe; à part.

Alors, il lui faut un président.

URBAIN, à Maria, qui s'approche il lui montre le portrait.

Comment la trouvez-vous? — Quels yeux! des becs de gaz!...

MARIA, avec étonnement; à part.

Rosine! (Elle se recule.) Rosine! c'est elle!

MAULÉON

Pauvre Rosine! Je l'ai connue encore mieux que ça, quand nous l'avons inventée avec Melchior.

MARIA, suivant Mauléon des yeux; à part.

Que dit-il? — Il la connaît?

URBAIN, à Mauléon.

Comment se fait-il que ce soit vous, Mauléon, qui m'apportiez ce portrait?

MAULÉON, avec négligence.

J'étais monté ce matin chez Rosine pour lui

baiser la main, et l'ayant trouvée fort inquiète à cause de ce portrait qu'elle ne pouvait retrouver au milieu du désordre occasionné par son départ, j'ai pris les clefs, j'ai cherché, et j'ai trouvé. Tout son monde étant dehors, (Montrant le portrait.) je me suis chargé de vous apporter cet objet, et de faire quelques petites courses, (Il tire une longue liste de sa poche.) aux affaires étrangères, par exemple, pour le passe-port, ça regarde Cussy.

URBAIN, qui a jeté les yeux sur la liste, à Mauléon.

Il faut que la Costenzina soit bien liée avec vous, pour vous faire faire tant de commissions, car il n'y a qu'un ami ou un...

MAULÉON, l'interrompant avec vivacité.

Intime, intime. (Tout en parlant, il s'approche de la table d'Urbain et pose une de ses mains sur le bord de la pierre.)

URBAIN, s'éloignant.

Ne touchez pas à ma pierre, — ça tache.

MAULÉON, repliant sa liste.

Toutes ces courses-là me gênent bien un peu, mais je n'ai pas pu refuser un service à cette fille.

MARIA, à part.

Comme il parle d'elle !

MAULÉON, à part, se voyant observé par Maria.

Comme la guitariste me regarde ! (Il s'approche d'Urbain et prend machinalement un des outils de celui-ci.)

URBAIN, le lui retirant des mains.

Ne touchez pas à ça, — ça pique ! (A part.) Comme Maria le regarde ! (Il les observe.)

MARIA, à part, les yeux fixés sur Mauléon.

Il connaît Rosine; par lui peut-être je pourrais... (Elle jette un coup d'œil d'impatience sur Urbain, qui paraît suivre tous ses mouvements.) Non; — devant eux c'est impossible.

URBAIN, s'approchant de René; bas.

Maria connaît Mauléon, (Confidentiellement.) et il y a quelque chose entre eux.

RENÉ, tressaillant.

Allons donc !

URBAIN

Ils se sont parlé, j'en suis sûr.

RENÉ

Nous sommes chez Olivier, — nous ne devons pas voir.

URBAIN

Mais comme nous pourrions entendre, nous gênons. (Il désigne Maria, qui s'est approchée de Mauléon et s'arrête sous le regard d'Urbain.)

RENÉ, avec émotion.

Eh bien, ne soyons pas indiscrets, — sortons.

URBAIN, à part.

Il tremble en disant ça. (Bas à René.) Il faut un prétexte, attendez. (Retournant à sa table, et montrant sa pierre à Mauléon.) Quand je vous disais, Mauléon, que vous feriez des taches !

MAULÉON, s'approchant.

Moi, j'ai taché ? (Il prend son lorgnon et regarde.) Où ça, où ça ?

URBAIN, le repoussant.

Il faut que j'aille passer ma pierre au grès. (A René, lui faisant un signe d'intelligence.) René, voulez-vous me donner un coup de main ? (René se lève et va aider Urbain.)

MARIA, à part.

Ah! ils vont sortir! (Rapidement à Mauléon, qui va chercher son chapeau.) Restez!

MAULÉON, étonné, reprenant son peigne à moustaches; à lui-même.

Oh! ce sang méridional!

URBAIN, à René, qui porte la pierre lithographique avec lui.

Si vous tremblez comme cela, vous me ferez casser ma pierre.

RENÉ

C'est que c'est lourd. (A Mauléon.) Ouvrez-moi donc la porte. (Mauléon ouvre la porte aux deux jeunes gens, qui sortent.

SCÈNE X

MAULÉON, MARIA

Ils vont en même temps au-devant l'un de l'autre.

MAULÉON, avec vivacité.

Faut-il retirer la clef?

MARIA, étonnée et se reculant un peu.

Monsieur!

MAULÉON

Ne pouvant plus disposer de mon temps à

cause des nombreuses invitations que je ne puis refuser, j'ai dû renoncer à prendre mes repas dans ce petit établissement où j'allais quelquefois pour réparer par une nourriture simple mon estomac débilité par la cuisine des grands restaurants à la mode. — Cependant, si j'avais l'espérance de vous rencontrer encore...

MARIA

Monsieur, je ne vais plus moi-même à la crèmerie de la mère Jérôme.

MAULÉON

Ah! ah! ah!...

MARIA, hésitant un peu.

Je voulais... monsieur, vous demander un service.

MAULÉON, avec empressement.

Tout à vous. (A part.) Femme qui demande, femme qui offre.

MARIA

Vous connaissez la signora Costenzina?

MAULÉON

Beaucoup, (Avec intention.) et quelque supposition

qu'on ait pu faire à propos de notre intimité, je ne suis que son camarade, (La main sur son cœur.) mais dévoué.

MARIA

Alors, monsieur, vous pouvez me rendre un service. Je désirerais que vous me présentassiez à Rosine.

MAULÉON, à part.

Elle l'appelle Rosine tout court, comme moi ! (Haut, avec hésitation.) C'est que la signora est bien occupée, à cause de son prochain départ pour l'Italie. Elle ne reçoit que les intimes.

MARIA, avec crainte.

Part-elle donc si tôt ?

MAULÉON

Mais demain, aujourd'hui peut-être. Je vais de ce pas même voir Cussy pour le passe-port. — Cussy, des affaires étrangères.

MARIA

Ah ! monsieur, si elle part demain, il faut que je la voie aujourd'hui ; conduisez-moi chez elle !

MAULÉON

Elle ne doit pas y être. Elle a beaucoup de courses. Nous nous les sommes partagées; elle m'a laissé les plus longues. Mais comme elle a pris sa voiture, dans deux heures je crois qu'elle sera rentrée.

MARIA

Eh bien, monsieur, dans deux heures il faut que je la voie !

MAULÉON, embarrassé.

Pardon ! Quoique très-lié avec Rosine, je crois qu'une demande d'audience serait chose plus régulière; si vous lui écriviez un mot, je me chargerais de le lui présenter.

MARIA, à part.

Si elle partait sans que je l'aie vue ! (A Mauléon.) Vous avez raison, monsieur. (Elle va à la table de René et commence à écrire.)

MAULÉON, à part.

Voudrait-elle se faire inviter au souper d'adieu ?

MARIA, écrivant.

Il faut que je te voie, que je t'embrasse! que je te dise combien je suis malheureuse! (Elle entend du bruit dans l'escalier, s'arrête, se lève, froisse le papier et le jette.) C'est Urbain et René qui remontent. — Je n'aurai pas le temps d'écrire. (A Mauléon, lui donnant une bague qu'elle retire de son doigt.) Vous montrerez cette bague à Rosine, et vous lui direz que la personne qui vous l'a remise a besoin de la voir seule.

MAULÉON, prenant la bague.

Vous croyez que...

MARIA, vivement.

Je suis sûre que cette bague... m'ouvrira sa porte.

MAULÉON, à lui-même.

Alors, ce n'est pas une bague, c'est une clef...

MARIA

Son adresse, maintenant ?

MAULÉON, fouillant dans sa poche.

J'ai là précisément quelques cartes de visite

pour ces messieurs de la presse. (Il lui donne une carte.) Ça me fera même une occasion pour monter chez eux.

MARIA

Vous me rendez service, monsieur.

MAULÉON

J'en rends beaucoup, mademoiselle.

MARIA

Et ceci, pour le moment, entre nous.

MAULÉON

Mademoiselle, j'ai un ancêtre que Louis XI, à cause de sa discrétion, avait surnommé le silencieux. Je n'ai pas dégénéré !

MARIA, avec intention.

Je vous remercierai de votre discrétion chez la mère Jérôme.

MAULÉON, à part.

Être dans le secret d'une femme, c'est un pied à l'étrier. (Il sort.)

SCÈNE XI

MARIA, seule, courant au portrait.

Je vais donc la voir, l'embrasser. Rosine

belle, heureuse, célèbre... que je suis contente! (La main sur son cœur.) Et que je souffre aussi!

SCÈNE XII

MARIA, URBAIN, RENÉ, qui rentre avec sa pierre.

URBAIN, à part.

René était si pressé de revenir, qu'il n'a pas remarqué que Mauléon avait au doigt la bague de Maria.

RENÉ regarde ses papiers et Maria, qui paraît troublée.

On a touché à ces papiers. La plume est humide. Maria a écrit. (Il fouille dans les papiers.) Il y a une demi-feuille de moins... O Bartholo, tu m'as pourtant fait rire! (Il suit des yeux Maria qui entre dans la pièce voisine. On frappe à la porte.)

URBAIN, allant ouvrir.

Est-ce qu'on ne va pas nous laisser travailler?

SCÈNE XIII

Les Mêmes, M. MORIN, manières brusques, chapeau sur la tête ; il entre sans saluer.

M. MORIN

Monsieur Urbain, artiste ?

URBAIN

C'est moi, monsieur.

M. MORIN

Ah ! (En s'asseyant.) C'est haut chez vous. (Il souffle. — AU rbain.) Vous avez une pierre pour mon *Panthéon musical*. Sommes-nous prêts ? (Il se lève.)

URBAIN, montrant sa pierre.

Nous sommes prêts à commencer, si vous voulez frapper les trois coups.

M. MORIN, regardant la pierre.

Comment ! monsieur, voilà où vous en êtes ! Mes compliments ! (Avec une brusquerie croissante.) Grâce à votre négligence, mon numéro ne paraîtra pas. (Avec fureur.) C'est comme si vous me preniez mille écus dans ma bourse.

URBAIN, froidement.

Monsieur, je ne prends mille écus dans la bourse de personne. J'ai la mienne.

M. MORIN, à part.

Bohème, va! (Haut.) Alors, monsieur, il ne fallait pas vous charger...

URBAIN, montrant le portrait.

Je n'ai pu commencer plus tôt, car on m'apporte à l'instant même le portrait qui m'était nécessaire pour ce travail. J'ai même perdu beaucoup de temps à l'attendre, et vous savez que le temps, c'est notre capital, à nous autres artistes.

M. MORIN

Ah! vous autres artistes, — parlons-en, — vous êtes de jolis oiseaux.

URBAIN

Aussi on nous plume.

M. MORIN

Arrangez-vous, il faut que cette planche paraisse dans ma prochaine livraison. — Est-ce que M. Olivier, qui vous a recommandé à moi, ne demeure pas dans cette maison?

URBAIN

Nous sommes chez lui.

M. MORIN

Je voudrais le voir.

URBAIN

Il est sorti.

M. MORIN

Sorti quand je viens, — fâcheux, ça!

URBAIN

Sa dame y est.

M. MORIN, à part.

Sa dame! quelles mœurs! (Urbain, qui est allé dans la chambre voisine, en ramène Maria, à laquelle il désigne M. Morin.)

MARIA, à part.

L'éditeur de musique!

M. MORIN, qui est debout et qui a retiré son chapeau pour s'essuyer le front, s'assied et se couvre à l'entrée de Maria.

Bonjour, mademoiselle, votre mari n'y est-il pas?

MARIA, troublée.

Pardon, monsieur, M. Olivier est absent,

M. MORIN

Fâcheux, ça !

URBAIN, à René, lui désignant M. Morin.

Comme on voit bien que ce monsieur a de l'argent dans sa poche !

RENÉ

A quoi voyez-vous cela ?

URBAIN

A son chapeau.

MARIA, montrant à M. Morin les planches de musique.

J'ai terminé ces planches très-vite. J'ai passé la nuit.

M. MORIN, jetant les yeux sur les planches.

Ah ! ah ! c'est du Melchior. (Avec indifférence.) Ce n'est pas pressé.

MARIA, baissant la voix, avec hésitation.

S'il vous était possible de régler ce travail aujourd'hui même, cela nous rendrait bien service.

M. MORIN, sèchement.

Vous connaissez les habitudes de la maison : on règle à la fin du mois ; et quand les habitudes sont bonnes, il ne faut pas les changer

— D'ailleurs je suis venu pour parler à M. Olivier d'une affaire dans laquelle il y aura peut être de l'argent au bout, s'il veut.

URBAIN, qui a entendu.

Oh! il n'est pas fier, il voudra.

M. MORIN, à Maria.

Je regrette de ne pas l'avoir trouvé. C'est haut, chez vous.

MARIA

Désirez-vous que je dise à M. Olivier de passer à votre magasin?

M. MORIN, réfléchissant.

Chez moi, non. Il y a trop de monde, j'aime mieux revenir. (Il se lève. — A Urbain.) Pensez à moi, jeune homme.

URBAIN

J'en rêverai, monsieur.

M. MORIN, à part.

Il est impertinent, ce garçon; aurait-il du talent?

Maria, qui le reconduit, lui parle à voix basse et semble le supplier.

M. MORIN, avec humeur.

Je ne vous dis pas non, mais toutes ces complaisances-là bouleversent ma tenue de livres. Enfin, adressez-vous à mon caissier. (A part.) Il est malade. (Il sort.)

SCÈNE XIV
URBAIN, RENÉ, MARIA

RENÉ, à Maria.

C'est peut-être une bonne affaire qui se prépare pour Olivier.

URBAIN

J'en doute! M. Morin se dérange trop.

RENÉ, à Maria, qui s'éloigne.

Où allez-vous?

MARIA, entrant dans la chambre voisine.

Je vais finir de ranger la chambre d'Olivier.

(René retourne à sa table.)

URBAIN

Enfin il faut espérer qu'on va nous laisser un peu tranquilles. J'allume une pipe et je me mets à la besogne.

RENÉ, pensif, les coudes sur la table; à part.

Il est certain qu'elle a écrit. A qui? Et que

fait Mauléon dans cette affaire? (En ramassant une plume qu'il vient de faire tomber, il met la main sur le papier jeté à terre par Maria, et le déploie.) L'écriture de Maria!... (Avec joie.) Du moins elle a renoncé à envoyer cette lettre. (Avec inquiétude.) A qui voulait-elle écrire? (Voyant Urbain qui a le dos tourné). Il ne regarde pas! si j'osais lire? qui le saurait? (Il approche le papier de ses yeux et l'éloigne aussitôt sans avoir lu. Avec force.) Moi, je le saurais.

URBAIN, qui s'est installé et cherche sur la table avec impatience.

Pas d'allumettes! Voilà les dérangements qui commencent.

RENÉ va au poêle, allume le papier qu'il vient de ramasser et le porte à Urbain.

Tenez, je veux vous éviter tout prétexte de blâme.

URBAIN, allumant sa pipe.

Oh! maintenant que j'y suis, je ne quitterais pas pour un empire. Je vais même tailler une douzaine de crayons pour ne pas avoir besoin de m'arrêter. (Il fouille dans ses poches.) Où diable est-il? (Il cherche dans le tiroir.) C'est incroyable. (Il se lève, va prendre un de ses vêtements et le secoue.) Fatalité!

RENÉ, qui l'observe.

Que cherchez-vous encore?

URBAIN

Mon canif!

RENÉ

Prenez le mien

URBAIN, se récriant.

Oh! jamais je n'emprunte les affaires des autres. — C'est un principe d'ordre. (Il continue à chercher.)

RENÉ

Où l'avez-vous perdu?

URBAIN, se frappant le front.

J'ai dû le laisser à mon café sur le billard. (Il remet sa vareuse.)

RENÉ

Vous sortez?

URBAIN

Oui, un instant; je vais chercher mon canif.

RENÉ, prenant des papiers, qu'il roule.

Je descends avec vous. Je vais reporter ces copies chez l'avoué.

URBAIN, qui s'arrange les cheveux dans la glace.

Au reste, je n'en suis pas inquiet, — le garçon l'aura trouvé.

RENÉ, le regardant.

Vous finirez par perdre dans ce café quelque chose que le garçon ne retrouvera pas.

URBAIN

Quoi donc?

RENÉ

Votre avenir, mon cher.

Ils sortent.

. . . .

LES SIRÈNES

Il est des femmes qui, arrivées depuis longtemps déjà sur le bord d'un âge devenu pour elles une limite suprême, ne se décident à le franchir que lorsqu'elles ont épuisé vingt recours en grâce. Et, de fait, on comprend l'énorme courage qu'il faut pour hasarder ce pas, sur lequel on ne peut revenir, et devant vous confiner à jamais dans les horizons d'une existence qui, pour les femmes habituées à la bruyante vie parisienne, est une tombe anticipée. Aussi, pour si peu indulgent qu'il soit, le monde tolère-t-il à quelques femmes les retardements sans nombre qu'elles apportent à ac-

...omplir cet acte, qui est toute une abdication. Ce serait une curieuse étude à faire que celle de suivre dans sa retraite toujours militante une de ces femmes courageusement obstinées à rester sur la scène du monde et de la passion, lorsque l'heure est venue de rentrer dans les coulisses, et qu'elles ont déjà reçu certains avertissements ironiques, ou subi tels échecs qui leur font comprendre qu'on aperçoit leurs rides sans lorgnettes. A l'aide d'une grande habileté doublée d'une grande volonté, quelques femmes savent épargner un échec à leur amour-propre. Avant de renoncer à toutes les joies, à tous les plaisirs légitimes ou extra-légaux, aux enivrements des fêtes, aux luttes hypocritement courtoises ou franchement hostiles qui se livrent dans les salons, — ces arènes où tant de passions fauves se déchirent au soleil des lustres ; en approchant enfin de cette limite fatale où elles devront se résigner à vêtir la douillette de soie puce des douairières, et à quitter l'éventail pour la tabatière, elles préparent de longue main le dernier chapitre de leur roman.

Pour la dernière fois elles entrent en campagne, escortées d'une armée de ruses ; elles appellent à leur aide le génie statistique de la galanterie. Unissant les artifices traditionnels à ceux qu'elles inventent, elles retrouvent pour huit jours l'énergique et provoquante éloquence de leur beauté passée. Et pour cette fois, dédaignant la première loi de l'intrigue, qui est le mystère, elles appellent à force d'indiscrétion l'attention sur elles, et c'est au plein soleil de la publicité qu'elles closent la série de leurs triomphes par une dernière victoire saluée d'une de ces scandaleuses ovations que quelques femmes préfèrent souvent à de certaines satisfactions d'amour-propre qui resteraient ignorées. Après quoi elles se retirent discrètement.

Les unes s'occupent à rédiger leurs mémoires, si elles portent un nom historique; les autres se font dévotes, et agenouillent leur passé contrit devant la grille d'un confessionnal; celles-ci prennent leurs invalides dans les salons parisiens, et, vieux grognards de la galanterie, se laissent aller à raconter leurs campagnes à la jeune génération dont elles avaient vu les pères à leurs pieds.

D'autres deviennent les tyrans de leurs familles, et sont les esclaves d'une perruche, d'un king's-charles, ou de tel autre animal à griffes ou à dents.

Les femmes de cette catégorie — qu'un spirituel artiste appelle des sirènes *aux cheveux gris*—s'attaquent de préférence aux jeunes gens dont l'impatience est aveugle et qu'on peut facilement abuser; et plus d'un fut victime, ne fût-ce qu'un quart d'heure, des manœuvres de ces habiles comédiennes qui s'obstinent à perpétuer un rôle de jeune première quand leur âge est devenu depuis longtemps un brevet de mère noble.

A l'aide d'une foule de substances chimiques étiquetées de noms bizarres, de fards, de pommades, d'eaux lustrales, puisées à toutes les fontaines de Jouvence de l'industrie, ces femmes savent effacer progressivement la date inscrite à leur front, et, mettant même à profit quelques-uns de ces moyens extrêmes énergiquement repoussés par l'hygiène, elles savent à force d'art pousser la métamorphose à ce point, que les épigrammes de leurs miroirs se changent en madrigaux.

Ne vous est-il jamais arrivé, lecteur, d'avoir été distrait dans une de vos courses ou dans une de vos promenades par l'apparition subite de quelque forme féminine, svelte, juvénile, charmante, et marchant ou plutôt glissant devant vous les pieds ailés, la taille ceinte d'une écharpe lutinée par les caprices du vent, le front couronné d'un frais chapeau fleuri d'un printemps artificiel?

Soudainement et comme malgré vous, vous vous êtes attaché auprès de cette inconnue; sérieux ou frivole, vous oubliez le motif de votre sortie, vous vous dérangez de votre itinéraire, et en ébauchant tout bas une aventure, vous suivez à courte distance une femme que vous ne connaissez aucunement, dont vous ignorez la position, le nom, mais qu'une toilette élégante ou somptueuse, une démarche distin-

guée, un vague parfum de bonne compagnie
qu'elle laisse derrière elle, vous font sur-le-
champ imaginer jeune, belle et riche. Et sur
ces simples et gratuites prévisions, vous prenez
le pas en cherchant un moyen honnête d'enta-
mer le premier chapitre du roman que vous
improvisez si bénévolement. Tout cela parce
que vous êtes jeune, aventureux et toujours
prêt à vous jeter à tout propos et même sans
propos dans le premier sentier venu qui pourra
vous éloigner de la route commune où marchent les gens qui savent où ils vont, et dont
l'existence est réglée par le programme de la
nécessité.

Cependant, après de longs détours, après de
nombreuses stations, vous éprouvez le désir
naturel de voir si votre science d'artiste ou d'ob-
servateur a eu tort ou raison dans ses supposi-

tions; et profitant du premier incident de voie publique qui aura pour un instant arrêté la marche de votre héroïne, vous l'atteignez enfin, et au premier regard que vous hasardez vous tombez du cinquième étage de votre rêve en vous trouvant face à face d'une douairière dont le visage est historié de pattes d'oie, et vous vous demandez, mais trop tard, comment vous avez pu un seul instant, et même de loin, prendre pour une jeune femme ce demi-siècle qui marchait devant vous sans béquilles. Ou bien, il peut se faire aussi que celle que vous aurez suivie pendant longtemps n'ait pas encore atteint l'âge où les femmes devraient prendre leur retraite. Mais la chute n'en sera pas moins affreuse, car vous vous trouverez en face d'une laide.

A Paris surtout ces sortes de femmes courent les rues, et dans une seule journée un jeune homme honnête et bien né peut tomber dix fois dans les piéges que tendent celles qui sont coupables de l'un ou de l'autre de ces délits, qui souvent se ressemblent.

Eh bien, cela est tout simplement un attentat à la sincérité de ceux qui marchent dans la rue par le chemin de la flânerie et font la chasse aux aventures. Et une preuve que c'est de la part des femmes laides ou vieilles une conspiration organisée, c'est que jamais elles ne se détournent pour démentir les galantes et poétiques suppositions de ceux qui les suivent; au contraire, grand Dieu ! elles mettent à profit les profondes études qu'elles ont faites de la théorie de la démarche. De là cette agilité, cette désinvolture qui charme, séduit, entraîne, irrite la curiosité et entretient une erreur dont elles jouissent intérieurement et qu'elles s'efforcent de prolonger, en évitant par toutes sortes de ruses, de mines plus provoquantes que réservées, l'examen de ceux qu'elles abusent.

Mais ce qui aggrave encore le crime et constitue la préméditation, c'est le soin extrême que les femmes laides ou vieilles apportent à dissimuler leur âge et leurs défauts : ce sont ces célimènes sexagénaires qui inventent les coupes de vêtements les plus juvéniles et les plus gracieuses; ce sont les femmes laides qui emploient les plus charmantes créations de la mode : à elles les diamants, l'or, la pourpre, la soie aux plis harmonieux, le velours aux nuances superbes, les dentelles brodées par des artisans fées; à elles les trésors les plus mystérieux de la nature, perles, fleurs, parfums. Tout ce qu' a été de droit créé pour la jeunesse et la beauté est en plus grande partie le partage des femmes vieilles ou laides.

Eh bien, c'est là une usurpation illégale et tout à fait contre nature. A l'aide d'un morceau de velours, d'une aune de dentelles, d'une pierre étincelante, d'un bouquet de fleurs, une femme laide ou vieille pourra descendre dans la rue, et attenter à la crédulité de ceux qui la suivent, surtout s'ils ont la vue basse, et tous les jeunes gens sont myopes aujourd'hui.

Dans une civilisation qui se dit bien organisée, des abus pareils à ceux que nous venons de signaler devraient avoir cessé depuis longtemps. On ne saurait calculer les graves résultats que peuvent déterminer de semblables erreurs.

Et d'abord, en suivant une femme laide ou vieille, nous évitons peut-être d'en rencontrer une jeune et belle. Nous allons nous piquer à une ortie, tandis que nous aurions pu trouver une rose.

Cela est certainement un dommage très-réel et très-sérieux. D'un autre côté, il est prouvé que la rencontre d'une femme laide ou vieille est fatale pour celui qui la fait; c'est un accident de mauvais augure dont l'influence peut se prolonger longtemps. Le ciel vous paraît moins clair, vous perdez l'appétit, l'ennui se mêle à vos plaisirs, le doute et la lassitude se glissent dans vos amours. Enfin, pendant toute une journée, vous n'êtes plus vous-même; l'aspect d'une figure séculaire ou d'un vilain visage vous a aussi bouleversé. Vous pensez à la mort.

Il vaut mieux rencontrer deux enterrements qu'une vieille femme, et trois créanciers qu'une femme laide.

FIN

TABLE

LES ROUERIES DE L'INGÉNUE..................... 1
LA SCÈNE DU GOUVERNEUR. *Souvenirs de jeunesse.* 179
LA NOSTALGIE. *Scènes de la vie d'artiste*........... 223
LES SIRÈNES...................................... 307

BOURLOTON. — Imprimeries réunies, B rue Mignon, 2.

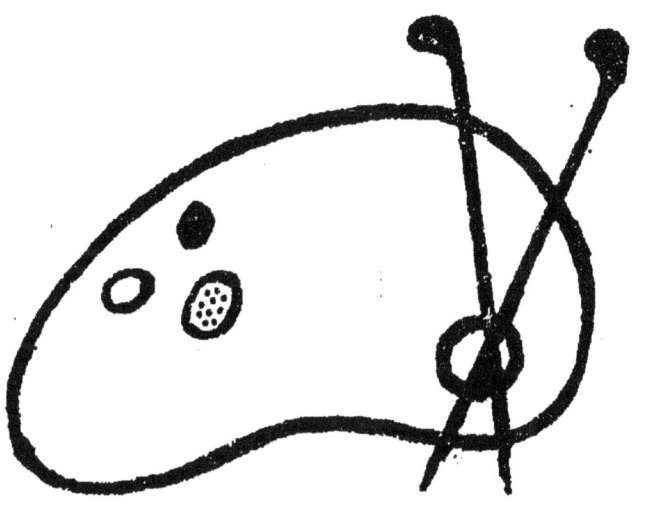

Original en couleur
NF Z 43-120-B

www.ingramcontent.com/pod-product-compliance
Lightning Source LLC
Chambersburg PA
CBHW060411170426
43199CB00013B/2093